右上：ロバート・モンロー氏
左中：ロバート・マウンテン・リトリーツ本館
右中：朝日の研修棟モニュメント
左下：ロバート・マウンテン・リトリーツ水晶
右下：ロバート・マウンテン・リトリーツ研修棟

左上：ナンシー・ペン・センター　右上：塔内部
左中：レイク・ミラノン　右中：湖周辺の原野

左：モンロー氏書斎
中：シェアルーム
右：リビング

ヘミシンクの
ふるさと

モンロー研
わくわくドキドキ
体験記

まるの日 圭

ハート出版

はじめに

　モンロー研究所――アメリカ・ヴァージニア州にあるこの場所にあこがれを抱くようになってから、はや五年の月日が経ちました。

　最初は「英語ができないとだめなのか？」とあきらめていたところ、後にアクア・ヴィジョン・アカデミーが主催する日本語でのツアーがあることを知りました。

「それに参加したい！」

　そう思っても、今度は時間とお金がなく……。

　当時、私はサラリーマンお菓子職人でした。毎日お菓子を作り、販売することが仕事なので、長期間の休みとお金の都合がつかなかったのです。

「ならば、いつかモンロー研に行くまでに自分である程度の体験を出来るようにしておかねば！」

　そう考えた私は、独学でゲートウェイセットを聞きながら、自らのヘミシンク体験を進めていったのです……。

　そうしているうちに、自分で本を書いてしまうようになりました。しかも三冊も。

　さらに、自分でモンロープロダクツと契約してＣＤ販売まで行うようにもなりました。

　さらに、ヘミシンクＣＤを使ったセミナーまで行うようになってしまいました。

こうなると、他の人から「もうモンロー研に行かなくてもいいんじゃないですか？」と言われることもあったのですが、それでも私の中の「いつかは本場のモンロー研で体験したい！」という〝モンロー研LOVE❤〟の気持ちはなくならなかったのです。

ヘミシンクにより、自分の人生が変化してきて、だんだんと自分の進む方向性が見えて来るようになりました。そんな中、「よし、やっぱモンロー研に行こう！」と思えるようになったのが二〇一〇年の秋のことでした。

そして、二〇一一年の春に、ついにモンロー研に行くことができたのです。

モンロー研に行くのには皆さん、それぞれに理由があると思います。

私にとってのそれは、単純に「モンローさんの作った、モンローさんのヘミシンクとはどういうものか、それを体験しに行きたい！」というものでした。つまり、冬ソナのロケ地巡りをするファンと同じ心理で、モンロー研を目指したのです。

今まで、モンロー研に行った体験を本にされている方は、「そこで得た貴重な体験を報告する」ために書いたり、「自分で得られた体験をシェアしたい」という気持ちで書いたり……というように、モンロー研でなんらかの〝ヘミシンク体験〟をして、その結果、人生の転機を迎えたというような方々が多かったと思います。

しかし私の場合は、ちょっとこれまでの方とはアプローチが違っており、独学でヘミシンク体験を経験した上で、その中の体験の一つがモンロー研での体験、という感じになっております。そもそも、他の方とかなり順序が逆なことをしてますからね。まあ、私らしいといえば私らしいかな、と思います。

そんな、これまでとは違った、ちょっとオリジナルの体験を皆さんにシェアできたら……ということでこの本が出来上がりました。


そこで感じたのは、モンロー研は、〝凄い体験〟を得るために行くのではなく、自分の中にある〝新しい気付き〟を得るために行くのではないのかな、ということ。

いつも過ごしている日常の中にある、じつはそこにあるのに気がついていないだけの、そんな小さな気付きを感じられるようになる――そんな体験を、人との出会い、その場の空気、ヘミシンク体験などから得られたのが、私にとってのモンロー研最大の体験でした。

皆さんにもそれぞれ、いろいろな体験が待っていると思います。ヘミシンク体験も人それぞれであるように、モンロー研体験も人それぞれです。私の本を読んで、

「あ、いいところみたいだから、ちょっと行ってみたいなあ」

と思っていただければ、嬉しく思います。


日本語のモンロー研ツアーを企画されている、アクア・ヴィジョン・アカデミーの坂本政道さ

んには本当に感謝しています。おかげで、私のような英語ができない人間もモンロー研に行けるのですから。

また、これまでモンロー研に行かれた方々の体験談の上に、私の体験談も存在しています。

ぜひこの機会に、ロバート・モンローをはじめ、モンロー研にかかわる方の書籍などを読んで、そこで、「自分にとってのモンロー研とはどういうものなのか？」――そんなことを考えながら、この本も読んでいただけましたら、と思います。

まるの日　圭

ヘミシンクのふるさと　モンロー研わくわく《ドキドキ》体験記／もくじ

はじめに　2

第一章　モンロー研を目指して　9

モンローさんからのメッセージ　10

初めての海外旅行　18

第二章　ロバート・モンローの家　33

憧れのモンロー研　34

モンローさんとの賭け　38

第三章　フォーカス10　55

霧のロバート・マウンテン・リトリーツ　56

レイク・ミラノン　67

リモートビューイングに挑戦　76

第四章　フォーカス12　83

問題解決　84

体外離脱　102

第五章　フォーカス15　113

春雷 114
体外離脱のソファー 128

第六章　サイレント 147
サイレント・モーニング 148
ナンシー・ペン・センター 162

第七章　フォーカス21 171
ブリッジカフェ 172
ピュア・ラブ 183

第八章　グランディング 205
願望実現 206
ダンス・ダンス・ダンス 215

第九章　フライト 223
ご縁 224

おわりに 239
モンロー研から帰ってきて 240
モンロー研に行った意味 245

第一章　モンロー研を目指して

モンローさんからのメッセージ

モンロー研究所――ヘミシンクをやっていれば、必ず一度以上は聞く言葉です。ロバート・モンローさんがヘミシンクを開発した場所であり、今もその技術を使ってあらゆるプログラムを開発、そしてそれを体験できる〝ヘミシンクの聖地〟と呼ぶことのできる施設です。不思議研究所の森田健さんやアクア・ヴィジョン・アカデミーの坂本政道さんなどによるモンロー研での体験記が紹介されたことで、日本人にもその存在が広く知られるようになってからもう十年以上は経つと思います。

その後も、モンロー研の体験記がいくつか出版されました。さらに、ブルース・モーエン、ロザリンド・マグナイトといった海外の方の本も翻訳されて紹介されるようになったのです。

そういった経緯から、日本人にとってモンロー研というのは、何か〝特殊な体験ができる総本山〟的なイメージで取り扱われている印象だったと思います。

しかし、私のように独学でゲートウェイを行い、そこで自分なりの体験をして、その上、本まで出してしまった人間も世の中に出始めると、「体験を導くために、わざわざアメリカのモンロー研まで行く必要はないんじゃないか？」といった風潮も多少出てきたようです。

しかし私は、ヘミシンクをやればやるほど、自分で〝体験〟することの大切さを体感していました。ですから、「モンロー研はどのようにヘミシンクをとらえ、そして広めているのか」――

それを体感する必要があると思い、それを実行しようと決意しました。

また、これまでに、モンロー研に行かれた方から直接話を聞く機会が何度かあったのですが、それによると、どうもいろいろな書籍に書かれているようなものとも違っているようで、「本当に、スピリチュアル体験がメインなの？」と疑問に思うところも出てきたという理由もあります。


さて、こうしてモンロー研に行く決意を固めた私ですが、五泊六日の日程となるモンロー研に行くには、長期の休みを取る必要があります。ここで、私は重大な決断をしました。二〇一一年二月に今まで勤めていた会社を辞めたのです。

それは、意識の広がりと共に、自分にもっと自由な時間を作る必要があると思ったことと、今の会社では、自分の考える〝良い生き方〟が出来ないと感じたからです。

もちろん、辞めるまでにはいろいろと考えましたし、悩みもしました。

「これは自分の勝手な思い込みで、そのせいで家族を路頭に迷わせてしまうのではないのか？」とか、「家のローンやら車のローンやらが返せるのか？」とか……。

いろいろとありましたが、考え込んでも何も始まりませんので、とりあえず悩むよりは行動が必要という結論を出し、目の前の仕事を片付けることで、先に見えてくる道を進もうと考えたのです。

その決断をした頃、会社ではちょうど新しい事業展開をするところでして、そのために私も一部門を立ち上げるために奔走しておりました。

しかし、会社で自分の仕事を一生懸命すればするほど、次第に自分の選択肢が限られてきたことに気付いてしまったのです。そこで、会社を辞めることにしたのですが、実は正直、その後の安定した収入の当てはないままでした。

社長にその旨を話しましたところ、案外すんなり「そうか、独立するなら応援する」と言っていただきまして、意外とスムーズに辞められる方向になりました。「これは、導きか?」と思いましたね。

ちなみに、私が無能な社員で「いらないよ」と言われたからではありませんよ。一部門の責任者として、ある程度の業績も積み重ねており、売り上げも順調に伸ばしておりましたし……。

これから新しい事業展開をする上で、社長は一人でも社員が必要であっただろうと思いますが、快く送り出していただけたことに感謝しております。

そして「そうと決まれば、早いうちにモンロー研に行けるようにしよう」と二〇一〇年十二月に、募集開始して間もない翌年の四月にあるモンロー研ツアーに申し込んだのです。

ところで、モンロー研ツアーへの申し込みには、旅費も含めると自動車が中古で買えてしまうくらいのお金がかかります。しかも「直前にキャンセルしたら一部しか戻ってこない」という注意書きもあります。そうなるとちょっと慎重になるものですが、この時は「ええい、行くしかない！」と思ったので、正式に申込みもし、指定の日時までに参加費を支払ったのです。

「果たして、これから仕事辞めるのに、こんなにお金使っていいのか？」

という葛藤はもちろんありましたが、

「今の時期に行くしかない！」

となぜか強く思うことも多くあったのです。

四月のモンロー研行きが決まり、仕事も辞め、行く準備を進めておりました。

しかし、物事は意外とスムーズに進みません。まず最初に、一つ目の障害が出ました。

なんと募集締め切りの二月の時点で、

「実は最低人数が集まらず。もしかしたら、中止になる可能性もあります」

とのメールが届いたのです。

こりゃあ、なんてこったい！

そこで、非物質的にアクセスすることにしました。とりあえず、「モンロー研のことならモンローさんだろう」ってことで、フォーカス27にあるというモンロー研に行きますと、そこにはモンローさんとその娘のローリーさんが、あの水晶のある草原に、グリーンのガーデンチェアを並べて座っています。

そこで、近づいて話をすることにしました。

「私はモンロー研、行けるんですかね？」

と私が聞くと、モンローさんは、

「君が楽しいと思うことを続けていれば、私の家に来ることはできるよ」

とメッセージ。

「ん？　私の家？」

ここで私はちょっと驚きました。というのも、〝モンロー研〟と普通言う場合、それは八角形の塔が印象的な〝ナンシー・ペン・センター〟という施設を指し示すことが多いです。他に、セミナーを行っている施設として、モンローさんの自宅を改装した〝ロバート・マウンテン・リトリーツ〟がありますが、あまり一般的ではありません。


ナンシー・ペン・センターからロバート・マウンテン・リトリーツまでは同じ敷地内ですが、車で一〇分くらいかかります。モンローさんの土地は、一山買ったようなものですので、やたらと広いのです。


今回、私はナンシー・ペン・センターでセミナーが行われるものと思っていたので、モンローさんの言葉に耳を疑いました。

「それは、セミナーの合間に、観光で行くってことですか？」

「いいや、私の家でセミナーを受けることができるよ」

そう言うモンローさんの横に、娘のローリーさんも笑顔でいたのでした。

「モンローさんから言われた！　もう確実に行けるんじゃん‼」

ナンシー・ペン・センター。通常、「モンロー研」といえばここをイメージされる方がほとんどだと思いますが……

まあ、普通ならばそう思うかもしれませんが、私は疑り深いのです。いつも、非物質の情報はその結果が出るまでは半分疑ってかかります。なぜなら、自分の欲がそこに反映されている場合もあるからです。

というのも、私は、モンロー研に行って体験するなら、「どうせならモンローさんの家（＝ロバート・マウンテン・リトリーツ）がいいなあ」と思っていましたので。

「これは自分の欲が見せた幻の可能性もある」

そう考えながら、でも半分以上は「やったー。たぶん行けそうな感じ」という確信も持っていました。

そして、「楽しいこととしていればいいなら」と、まだ決定してもいないのに、モンロー研に行くためのバックや服などを買いに行ったりして楽しく準備を進めていたのです。

そして三月。「人数が少なくても行きますよ」というメールが届き、ほっと一安心。

実はこの時点で、私は自分がモンロー研に行くことをブログには一切書いておりませんでした。「今回は人数が足りなくて中止するかもしれない」という話を聞いた時、私が行くことを書くことで何人か集まるかも……と一瞬思いましたが、それでも書きませんでした。

というのは、今回のセミナーは、できれば〝一初心者〟としてモンロー研に行きたかったからです。また、〝新しい人たちとの出会い〟を期待していたというのもあります。

もう一つ、「どうせ行くなら人数少ないほうがいいよね」なんてことも思っていたので、それが現実化してしまった可能性もあります。もうしそうだとしたらすみません、坂本さん。

そんなこんなで、「これで無事に行われるのかな」と思っていたら、今度は大きな地震がありました。

「これは、本当にモンロー研行きどころではないかも?」

と一時期本気で心配しましたが、アクア・ヴィジョン・アカデミーからそういう事態になっても続行と言うことが伝えられ、

「今の時期に行くことにこそ、何らかの意味があるのかもしれないなぁ」

などと思ったりもしました。

そして、私の心配事はこれ以外にもありました。これは本当に個人的なことなんですが……。

「私がまるの日圭です」と名乗っていいものかどうなのか？

そして、それをいつのタイミングで言うのが最も今回のセミナーで良い流れなのか？

そもそも、私が、まるの日圭と言うことを実はアクア・ヴィジョン・アカデミーの皆さん、そして、坂本さんは知っているのではないのか？　いや、でも本名で申し込んでいるからわからないのかも……。

そんなことをつらつらと考えていると、ある日アクア・ヴィジョン・アカデミーから電話がありました。

「お名前の文字が、こちらでよかったでしょうか。坂本のほうが確認しておけと言われたもので」

というような内容だったのです。

「あ、これは、私のことを知っているのかもしれない」

とそれならば、先に言っておくべきかと一瞬思いましたが、その一方で、「これはただ、坂本さんがしっかりしているから、細かいところも気付いてくれたのかもしれない」……という考えも捨てられず。うーむ。どうなんだろう？

そんなことを考えながら、ついに当日が来たのでした。

初めての海外旅行

私は地方に住んでいますので、まずは成田空港に出向くまでが一苦労です。

前日から荷物をまとめて、いつも東京に出張に行くくらいのゴロゴロバックになんとか詰め込みます。この時、ジップ付きの袋は役に立ちました。これに下着などを詰め込んで、ギュッと空気を抜いておくと荷物の嵩が減るのです。重さは同じですけどね。

なので、トータル十日分くらいの荷物が小型のバックになんとか入ってしまいました。

そして、いざ、成田へと出発です。

出発の日、阿蘇はちょっと晴れ。うす曇りくらいの天候でした。

ついに雨男伝説も終わりか！

と安心していたら、いざ家を出ようとしたときに雨が。薄日の差す中での小雨でしたので、天気雨です。〝狐の嫁入り〟ですね。まあ、狐と縁のある身としては（私のガイドの一人が、伏見稲荷関係者）、「これも吉兆か」と思うことにして。

しかし、山一つ越えて阿蘇熊本空港に近づくと、雨、雨、雨……。なんとも、微妙な感じ。やはり雨男なのか？

空港までは妻が見送りにきてくれまして、毎度のように出発前に記念撮影。

「もしも飛行機が落ちた時には……」

なんて、縁起でもないジョークを言われたりして。

雨は降っていましたが、飛行機には特に影響もなく、無事に空港を離陸。飛行機は雲の上を飛ぶので、まるで真っ白な雪原の上を走っているよう。爽快な空気感。いい感じですね。あとはUFOでも出てくれれば最高なんですけど。森田健さんの本にも、モンロー研に行くときにUFOを見たとか、そういう話が書いてあったので、期待して見ておりましたが、何もいませんでしたねぇ。

そして、たいして問題もなく羽田空港に到着しましたら、東京も曇りで。雨男伝説はやはり解消か！　と思うところ。

そのあとは成田へ移動。日暮里から成田行きの電車に乗ります。

しかし、遠い。風景がだんだんと熊本のような地方っぽい雰囲気になってきて。そして、成田へ到着します。結構時間かかりまして。「東京と成田って遠いんだなあ」と感じた次第。地方に住んでいると、この感覚がわかりませんからねぇ。

とりあえず成田空港第二ビルには今回用事がないので（JALでなくて、ANAで飛びますから）、あえてそこで電車を降りて、第二ビルからホテルのバスに乗ることにしました。どういうところか、中をちょっと探検しようと思いまして。

しかし、広すぎて迷ってました。しかも、途中で身分証明書の確認もあるし。国際空港っていっても、入るだけで確認がいるんかね？　と思ったりしていましたが。

バス停に行くと、途中のエスカレーターは節電のために止まっているので、必死で歩いて行きました。

初めてホテルからの送迎バスに乗るけど、乗りそこなったりしないだろうかとドキドキしてましたが、何のこともなく無事に乗り込み。

そしてホテルに十八時過ぎに到着。そこからは翌日に備えます。

成田のホテルのためなのか、そこにはトランクを置く台なんかも設置してあって。

「さすが、国際空港近所のホテルだ！」と妙なところで感心しておりましたが。


人生初の海外旅行、しかも初のモンロー研。なんとも盛り上がるのは当然でして、当日の朝は四時に目が覚めました。子供の遠足か？　って感じですが。イベントの朝は、早く目が覚めるので困ったものです。

飛行機に乗ったら時差もあるからなあ、と訳のわからない理由でそのまま起きて。

朝からヘミシンク聞いて、ちょっと頭をリラックスさせて。

朝の明るい日差しを見るためにカーテンを開けると、向こうには桜の咲いている様子が見えます。今年は熊本での桜の開花時期が遅かったので、熊本を出るときに、やっと満開になっていたのですが、東京に出てきたら東京も同じくらいの満開ぶりで、熊本の桜、そして東京の桜。二か所の桜を同時期に楽しむことができました。

「この桜も、戻ってくるときは葉桜になっているのかな」

なんてしみじみ思ったりして。

そして、身支度をして、ホテルの朝食を食べて、いざ準備。テレビをつけてみると、千葉のご当地ヒーローらしき『鳳神ヤツルギ』というB級特撮番組がやっていたので、つい見ながら持ち物チェック。

ところで今回のツアー参加にあたっては、『タイさん』こと今井泰一郎さん（TST＝TAIスピリチュアルトレーニングセンター代表）に経験者の立場から話を聞いていたのですが、そのアドバイスを参考に、飛行機内に格納する荷物と座席に持ち込む手荷物を振り分けました。具体的には「飛行機内ではサンダルに履き替えたほうが楽」というアドバイスを受けて、サンダルを手荷物に入れたりですね。そして、ホテルのバスに乗って、成田空港へ。

途中で検問があったり、放水車が止まっていたりと、国際空港って結構ものものしい感じするんですね……と思っていましたが、よく考えると羽田や関西、名古屋はそういうことないですよね。やはり、過去の歴史から来るものなんでしょうか。

それにしても、空港が広すぎます。マップを見ながら待ち合わせ場所を探すと、いました。〝モンロー研〟と書かれた紙をぶら下げた人たちが。

そこでご挨拶をして名前を言うと（もちろん本名です）、奥から坂本さん登場です。私が想像していたよりも渋い声。内心「うわ、本物だよ！」って感じで。

荷物になるので、本は持ってきそこなっておりましたが、やはり『死後体験』は持ってくるべきであったか、と思った次第。サインもらえばよかった。

ツアーの方と一緒に話したりしていると、何人かの方が両替に行ったので、私も「両替を初体験せねば！」と行くことに。といっても、タイさんからの事前情報によるとそれほどお金使うところがないらしいので、たったの五千円（五十六ドルくらい）ですけどね。

それでも、本物のドルを手にして、海外旅行気分ばっちりです。

隣に座っていた若い男性と話をしてみると、その方も初海外旅行で初モンロー研だそうで。そこで、両替の仕方とか話したりして。そこにいる方とのファーストコンタクトはばっちりです。

意外と内部は中部国際空港ばりに空いていたので、

「国際空港って名前のつくところは、どこも同じなんかね？」

そう思っていたら、坂本さん曰く「こんなに空いているのは珍しい」そうです。

いろいろな影響が出ているのでしょうかね。

その後も出国手続きなどがよくわからないので、坂本さんの後ろについていって、スタンプをもらって。あとは一時間くらい、一緒に参加される方とお話ししたりしていました。

最初に空港で会話したのはナナさんという女性でした。ナナさんはアクア・ヴィジョン・アカデミーのバシャールコースなどで、今回の地震のイメージを見ていたというように、御自分は自覚されてない感じでしたが、かなり知覚の開かれた感じの方でした。それに、人の良さそうな感じが出ていて、話していてとてもなごみます。

なかなか身近にヘミシンク話ができる人がいないとのことで、いろいろと体験談なども聞かせていただきました。他人の体験は私のものともまた違っていて、聞いていても楽しいものですね。ナナさんとしばらくヘミシンク話をしているうちに、他の方も次々と待ち合わせ場所に集まってきました。

今回、私のことを知っているのは、私のセミナーにも参加していただいたこともある、ユミさんという女性お一人のようでした。

「覚えてないかもしれないから、声はかけませんでした」と言われましたが、顔は覚えていること多いです、特に女性は。名前はすぐ忘れますけどね。

私としては顔見知りが一人いたので、ちょっと安心しました。ユミさん以外の方は私のことを知らないような感じでしたので、その意味でも安心。

今回のツアーの参加者は比較的平均年齢が低いようで、特に男性で私より年齢が上の方はお二人しかいませんでした。そのうちの一人、ヤリタさんもユミさんと面識があったようでした。ヤリタさんは南米の奥地に出向いて、そこでシャーマンの修行的なものも体験されている方だそうで、「モンロー研に行く人には、やはり特殊な人が多いのかな？」と自分のことは棚に上げてそう思っておりました。

途中、福岡から来たという女性、ユキさんが隣に来たので、ちょっと話を聞いてみました。実は、タイさんから「ＴＳＴの福岡セミナーに参加している人が、今回のツアーに参加するよ」と聞いていましたので、「あ、この方だなあ」と確認。

坂本さんともお話できました。「坂本さんとモンローさんの本で、私はこのような世界に入り込みましたよ」なんて話をしたりして。

そのときに、今回はナンシー・ペン・センターではなくて、ロバート・マウンテン・リトリーツであるのだとハッキリ言われました。

「こ、これは、まさに私がモンローさんとローリーさんに言われた通りになっているよ！」

そもそも、日本人の団体のときは普通使わないらしく、「見学だけ行ける場合もある」という程度だそうですが、今回はいきなりそこで合宿です。これは初めてのケースだそうでして。

もう、テンションＭＡＸですよ。

確かに、非物質情報では「今回はモンローさんの家であるようだ」と聞いていましたし、それとは全く違う情報源から、「今回は山奥であるらしいですね」という話も聞いていたので、「今回は本当にロバート・マウンテン・リトリーツなんかな？」

とは思っていたのですが、実際に聞くとまた感動もひとしおです。

さて、どのタイミングで自分がまるの日圭だと坂本さんに言うべきか考えました。

しかし、最初から参加者の皆さんに名前がばれて、今後のモンロー研でのセミナーに支障が出るようだとまずいですし、そもそも、「まるの日圭です」って言ったあとに、ほかの方が無反応だとしたら、それはそれでちょっと寂しいですし……。

ということで、結局初対面での告白はできませんでした。

「まあ、六日あるし、どっかで言えるでしょう」

そう考えて、とりあえず流れに身をまかせることにしたのです。


飛行機の座席はツアー参加者はそれぞれバラバラでした。しかし、私は運良く今回ご一緒するヤリタさんとお隣同士になったので、「トイレ近いので通路側で」とわがままを言って通路側に席をとり、きがねなく立ち上がれる状態を確保させていただきました。

隣の席のヤリタさん、見た目は肉も酒もいけそうな感じでしたが、南米に行ってから、獣肉を食べると体が臭くて気になるようになり、それで食べられなくなったそうです。なので、機内食もベジタブル系のものにしていたみたいで。キャビンアテンダントの方が目印シールを貼っていってました。機内食も選べるんですね。初めて知りました。機内食を食べたのは初めてですが、食べにくいのでちょい困りますね。

通路を挟んで右斜め前に座っている人が、飛行機に乗るなり靴を脱いでスリッパになって。毛布もさっと身にまとって。しかもｉＰａｄで映画を見ています。

凄く飛行機に慣れた感じの人でしたので、その様子を盗み見しながら、飛行機内での飲み物のねだり方などをチェックしておりました。

私もしばらくして靴を脱いで、靴下だけになりました。まあ、サンダル出すほどでもなく、このまま歩いても問題ないでしょう、ってことで。

とりあえず、飛行機が安定するまではヘミシンクの『キャットナッパー』で一眠りして、起きてから映画鑑賞。食後も『キャットナッパー』聞いて寝て、起きたら映画見て、『キャットナッパー』……………とくり返して、三本映画を見ましたね。

私は昭和の人間なので、飛行機内の映画というのは、大きなスクリーンに映し出されているのをみんなで見るものだと思っていましたが、今は小さな画面が前の椅子の背中についているんですね。そこにある映画を自分でセレクトして見ることが出来ると言う。

「なんと至れりつくせりなのだろうか！」と感激。

最初には名作路線で『英国王のスピーチ』。これはなかなかに面白かったです。こういうドラマ性のあるものはいいですね。

次はアクションものでも、と言うことで『スペースバトルシップヤマト』。まあ、日本の特撮って感じでしたが面白いのは面白かったです。でも、もっと熱い男のドラマを見たかったです。森雪は出なくても良かったなぁ。

最後に、前から見たかった『プラダを着た悪魔』。日本語吹き替えだったのが残念でしたが、『プラダを着た悪魔』は主演の女性が好みなのです。見たら思った通り面白かったので良かったです。見た後にさわやかな感じになれる映画っていいですよね。主演はアン・ハサウェイですね。ま、『プラダを着た悪魔』の場合は、この髪型が好きなんですよね。どうしてもこういう人に目が行くような気が……。

飛行機は日付変更線をこえると、だんだんと外が暗くなり、飛行機内の明かりも暗くなるので、寝るか映画見るかしかなくなります。

途中、スターダスト☆レビューの『夜間飛行』を聞いたりして、気分も盛り上げて。

アラスカを通って飛ぶのだなあ、と思っていると、飛行機は五大湖近辺へ。途中、「イワンさん家の上飛んでるんじゃ？」と思うルートも飛んでますし。海をまっすぐ渡ると思ったら、意外と陸地を伝って行くのですね。五大湖の上を飛んでいる時に、窓から下をのぞき込んだら、雲だらけで残念ながら見えませんでしたが。

飛ぶ前に二リットルくらい水を飲んでたので、トイレには何度も行きました。疲れたらすぐに飛行機の後ろに行って体操したりしていたので、キャビンアテンダントの方からは「また来てるよ、こいつ」と思われていたことでしょう。

でも、結構エコノミークラスを満喫しておりました。二食目の機内食もガッツリ食べたし。


そして、明るい日光が窓からさしてきます。夜の場所から朝の世界へとやってきました。

そして、飛行機はついにワシントン・ダレス国際空港へと到着。

中央の席に座っていたので、外はまったく見えませんでしたが、がくっとする振動で着陸したことを感じて、飛行機はゆっくりと停止します。

ついに、アメリカに来たのです。

空港に降り立つと、そこはアメリカの地。すべてがメイド・イン・USAです。とはいえ、まわりは日本人ばかりなので、まだアメリカンな感じはないですね。

そして、「連絡バスに乗るらしい」と聞いていたので、バスをイメージしていたら、何かシャトルのコンテナみたいなものに乗せられて移動です。その車が、背鰭が生えた変な車で。「風圧で走っているのか？」とか思ったりして。本当に、コンテナにタイヤと昇降装置がついた謎の乗り物でした。


そして、空港でパスポート確認されるところで、「英語わからんし。別のこと聞かれたらどうしよう」とか「はぐれたらどうしよう」とか思いましたが、ま、順調でしたね。

「サイトシーイング」「シックスデイ」

しゃべる言葉はこれだけでＯＫ。あとは、指紋と顔写真。

最後に無駄に「サンキュー」とか言って、無事に荷物受け取り場所に移動。

そこで全員合流して、そこからまた移動でしたが、なぜかメンバーのうち二人くらいが関税のところで別の出口に案内されています。

なぜ？

後で聞いてみると、あれは仕事で入国している可能性のある人が通る出口だったのだとか。見た目でビジネスマンっぽいとか、仕事で行き来してそうな気配のある人がチョイスされたのか、たまたま集団から何人か引き抜かれてチェックされるのか。

どうやら後者のような気がしましたので、今度アメリカツアーに参加される方は、もしかしたら、別の出口に誘導される場合もあるかもしれません。

もしも選ばれたら「あ、運がいいなあ、俺」と前向きに考えるといいかと思います。

それと、アメリカの自動ドアは、開き戸なんですね。日本の引き戸に慣れていると、ちょっとびっくりしましたけど。開いたらぶつかりそうですし。

そして、そういう別の出口に案内された方がちょっと遅れてきましたが、全員無事に合流。

初の海外の空港なので、ちょっと散策してみましたが、あまり店が並んでなくて。「これで国際空港?」とちょっと驚きましたが。後で考えると、到着ロビーだから店が少ないのですよね。

そこでは、ニキさんという私よりも年上の男性としばらく並んで空港を歩いて話していました。

会話をすると、その方がなぜこのセミナーに参加したのかがなんとなくわかりますが、今まで話した方の中で、「モンローさんの家であるんだよ！」と喜んでいるのはどうやら私一人のようで、皆さんはそれほど〝モンローさんＬＯＶＥ❤〟ではない様子。あまり浮かれていると浮くかも。


アメリカ最初のショッピングは、水を購入。成田でも水を一リットル持ち込んで飛行機内でがんがん飲んでましたし、出発前にもすでに一リットルは飲んでましたが、まだまだ水は必要、ということで。セミナーで寝オチも少なくするには、体の循環を良くしてエネルギーの流れを良くする必要があります。

なので、水なのです。しかし、銘柄が良くわからないのと、何か値段も違ったので「何が違うのだろう?」と思いましたが、とりあえずなんかよさそうなのを購入。

お店では店員さんが「良い朝ですね」的なトークをしてきましたが、よくわからずにそのまま買いましたけどね。初のドル紙幣で支払って。小銭ももらって。

その後は、モンロー研から来る迎えのバスの時間まで自由時間。

その時、成田空港で仲良くなったナナさんが、「ねえ、この中になんか凄い人混じっているらしいよ」と話しかけてきます。聞くと、「どうやらいろいろと知覚ができて、本とか書いている人らしい」とのことで「あの、若い人がそうかしら」と言ってダレス空港で交流した男性を指さしています。

もしや、と思ってそのメールの内容をよく聞くと、どうやら私のセミナーを受けた方が、ナナさんとお知り合いのようで、〝まるの日圭〟という人物が紛れ込んでいるとメールでお知らせしてきていたみたいです。

このまま妙な展開になるといけないので、「それ、僕ですよ」と告白。まあ、結構驚かれていたみたいですけど。これで、今回私のことを知っている方が二人になりました。こうやって、徐々に増えていくのですかねぇ。

バスを待っている間、結構ホンダとかトヨタとか日産とかの車が多数走っていて、「なんかアメリカっぽくないな」と思ってましたが、やってきたのは六輪のでかいバス。「やっぱりアメリカはこうでないとね」と思っていると、中からまたでかい男性が降りてきて。やっぱりアメリカです。

そして、一路モンロー研へ。ちょっぴりの不安と、そして山もりの期待を載せて、バスは空港から走りだしたのです。

第二章　ロバート・モンローの家

憧れのモンロー研

長いトンネルを抜けると、そこは雪国でした……ではなくて。

長いフリーウェイを走って行く途中は、そこはワシントン。桜の枝を折ったことで有名な大統領の名前の付いている都市です。さすが、桜の木も咲いているのが見えます。熊本の桜、東京の桜、ワシントンの桜、と今年は各地の桜を見ることができました。

しかし、景観に配慮しているのか、建物はすべて似たような色調で統一されています。日本の無秩序な感じとは違って、ちゃんと街並みや風景を考えているものなんですね。

そして、だんだん郊外にバスが行くと、そこは『あらいぐまラスカル』の世界。あんな家が建っていて、あんな木が生えていて、あんな小川が流れています。

「おお、生ラスカルいるんじゃねえの！」

とかちょっとテンションあがったりして。

といいながらも、長旅で眠いのでゆったりといすを倒して寝てました。

今回は、十三人という少人数の参加でしたので、バスも広々です。

途中、『ターゲット』というショッピングモールに立ち寄って、そこで必要物資を買いあさります。

しかし、物価安いですね。ガーデニングの器具類は日本の半値くらいでした。とはいえ、「バーベキューコンロ安い！」といって買って帰るわけもいかず。送料のほうが高くつきそうですからね。

で、ここではグランディング用にビーフジャーキーなどを買おうと思っておりました。タイさんが、グランディング用にビーフジャーキーを買ったというので（実際は同室の方が全部食べてしまったとか）、そのエピソードにならって。ゲンを担ぐといいかなあ、とね。

しかし、私に目についたのは『ターキージャーキー』。七面鳥のジャーキー?? それもひと袋だけぶら下がっています。

「こ、これは買わねば」ということで衝動買い。そして、何か「良い材料で作ってますよ」的なビネガーのチップスもあったので、それも購入。占めて五ドルくらい。安いもんです。

しかし、一袋の量が半端ないので、もう半分のサイズが欲しい、と思った次第。また、カゴもでかいでかい。人もでかいでかい。店もでかいし。その割には駐車場は日本車だらけだし。アメリカ人にとって、日本車くらいの大きさが軽自動車感覚なのかもしれませんね。ＳＵＶも持っているけど、近所の足には日本車、って感じかな、と思いました。

外で坂本さんが「バスに乗って、わざわざ買い物に来るのはアヤシイよね」と言ってましたが、良く考えるとそうですよね。

ターゲットには薬も売ってありますので、時差ボケ用に眠れる薬を購入しておくといいそうです。私はどこででも眠れる自信がありますので、特にそういう薬の必要性を感じませんでしたが。逆に、寝オチしないで起きていられる薬が欲しいですね。

さて、買い物済ませたあとはみんなで集合して、そして目指すはモンロー研。

ちなみに、これだけ参加者が少ないのは今回が初めてだそうです。人間はある程度、予知的な能力が無意識にあるものですが、皆さんは無意識で今回の地震などを感じていたのかもしれませんね。

まあ、私は「どうせ行くなら、人数少ないほうがいいのになあ」と贅沢なこと思っていたので私にとってはとても良かったのですが、他の方はどう思われたのかはわかりませんけど。

さて、徐々にバスは丘陵地帯にやってきて、細い道を（とはいえ、フルサイズのアメ車がすれ違えますすけどね）通ってモンロー研入り口の看板を通ります。

「おお、ついに、長年あこがれていたモンロー研だよ‼」

と一人盛り上がり。

そして、あの八角形の塔が見えてきます。丘の中腹に立つような感じで、ナンシー・ペン・センターやデイビットフランシスホールなどの建物が立ち並んでいます。写真で見たモンロー研です。

そして、実物を見た最初の印象は「意外とちっちゃ！」。なんか、やたらでかい建物を想像していたので。

そして、「ほんとうに、まるで阿蘇じゃん」とも感じました。

タイさんが、「阿蘇の風景はモンロー研に似ている」と言っていましたが、実際に来てみても、

「阿蘇にこういうところあるよなあ」と思えるくらいよく似ていました。私にとっては親近感持ちましたね。

とりあえず到着早々写真撮影です。

水晶クラスターが何気にチューリップと一緒に置いてあるし。

あの有名な水晶も目撃。近づいてさわって、たたいてはがして……などとはせずに、優しくなでる程度でした。

しかし、今回私たちが宿泊するのはここ、目つきの悪いイルカが番をしている、ナンシー・ペン・センターではありません。ここから、モンロー研の十人乗りバンに乗り換えて、ロバート・マウンテン・リトリーツへ移動します。

モンローさんとの賭け

広大な牧場、森の木々。アメリカの、カントリーな風景がそこにあります。まだ木々が新芽の状態で葉がついていないので、森も明るくてスッキリしておりましたが、これから葉が茂ってくると、もっと鬱蒼となるのでしょうね。

ロバート・マウンテン・リトリーツの門を過ぎると、ついにモンローさんの家に到着です。入口ではアメリカと日本の大きな旗を振って、盛大に出迎えてくれております。

写真では見たことのあるモンローさんの家。もっと小じんまりしているのかと思っていましたが、結構大きいので、びっくり。

庭のモミジは赤く芽吹いていました。このモミジは新芽と落葉の時に赤くなる品種のようです。我が家の周りにも同じ品種が植えられているところがありますので、なにか親近感を感じましたね。このモミジ、夏になると緑色の葉になります。最初見るとギョッとするかもしれませんが。季節が逆転している訳ではありませんので。ご注意を。

今までの、過去十数回の日本人セミナーはすべてナンシー・ペン・センターでおこなわれてきたのに、私の参加したこの回が、初めてモンローさんの家になったのです。

私は前に情報を非物質的に受け取っておりましたが、実際にそうなると、嬉しいものですね。これはタイさんと初めて会ったときと同じような感じです。

ロバート・マウンテン・リトリーツ＝モンローさんの自宅。今回、初めてこちらでセミナーが行われるということでテンション MAX です。

あのときも、モンローさんが出てきて「そこへ行ったほうがいいよ」と言うから行ってみたら、そこでタイさんと佐野美代子さん、というへミシンクトレーナーの方々と初対面したということがありましたし。今回も、モンローさんの、導きを感じた次第です。

こういうことがあるから、面白いんですよ。

ロバート・マウンテン・リトリーツに到着後、まず最初に自分の宿泊する部屋へと案内されました。スタッフの方から英語でなにやら説明を受けましたが、たぶん、「キッチンのお菓子は食べ放題」といったことを言われていたと思います。

そのスタッフさんも後から来た組をお出迎えに外に出て行きましたので、私は今のうちに、と写真を撮りまくりました。

モンローさんの家の庭には巨大な水晶がありまして、家の横にある道を下りていくと出会えます。ちょっとナンシー・ペンのほうよりも太めです。

水晶のあたりから振り返ると、研修棟も見えます。左側の白い建物です。ここにコントロールルームとか、チェックユニットも完備されているのです。

この敷地には、宿泊棟とモンローさんの家、それと木造のキャビンがあります。坂本さんのお話では、みんな宿泊棟に入るような感じだなあと思っていたんですが、私の部屋は、なんとモンローさんの家のほう。しかも、窓からはモンローさんの家の庭にある水晶が目の前に。

もうこれは、「呼ばれたんでしょう！」的なテンションですよ。

今回は一人部屋も多かったみたいですが、私の同室は、空港で会話した若い男性・タカシさんでした。初海外旅行、初モンロー研という二人ですが、ヘミシンク歴はかなり違いまして。話をしていると、どうも私の本は知らない感じだったので、あえてそういう話題はせずにおりました。

そして、全員が揃って、各自部屋に入りまして。

たぶん、食事をその後にしたと思うのですが、ちょっと記憶が曖昧ですね。初日からテンション上がっていて、そのあたりも覚えていないくらいなのかも。

ちなみに、モンローさんの家の中については、誰もいない隙に一番乗りでしたので、ばしばし写真とってきました。

これが噂の巨大水晶。今後、たびたび話に登場します。
左手に見えるのが宿泊棟。

宿泊棟の入り口をアップで。私も「こちらに泊まることになるのかな」と思っていたのですが……。

参加者たちが集まってくつろぐリビング。ロバート・モンロー、ブルース・モーエン両氏が語り合っていたという場所もここ。

ここがキッチン。飲み放題食べ放題と至れり尽くせりなので、「食っちゃ寝」のへミシンクセミナーでは自制が必要ですね。

入口から入ると、すぐにキッチンと居間が現れます。

そして、ここがブルース・モーエンさんの『死後探索』に書いてあったワンシーン。フットボールの試合をモンローさんとモーエンさんがポップコーン食いながら見ていたという部分がありまして、その現場と思われるリビング。セミナーの参加者が集まってくつろぐ場所ですね。

その横には暖炉もあって、「うをおおお、こ、ここがあの本に書いてあった場所なのか！ここでモンローさんとモーエンさんが語り合っていたのか‼」と一人テンション上がりすぎ。

その棚の上にはモンローさんとナンシーさんの写真が中央にあって、右側にはナンシーさんのお姿。美しい方ですね。モンローさんがナンシーさんLOVEであったのも良くわかります。

振り返るとキッチンがそこにあって、コーヒーやらスナック飲み放題食べ放題です。

この横にはシェアルームがあります。そこは絨毯が敷き詰められていて、靴では入りにくい感じなので、そのままキッチンの横を通って自分の部屋方向へと歩いていきます。

私たちの過ごす部屋に行く途中には、こういう風にモンローさんの使っていたピアノもあったので、曲は弾けないのですが、とりあえず音は鳴らしてみました。

この横の階段から地下に降りていきます。そして、このモンローさんのピアノがあるところから振り返ると、そこが食堂になっていまして、広い窓からは外にあるキャビンが見えます。

そして、その窓の前にはキツネの像が向かい合って置いてあります。

まるで、お稲荷さんのキツネみたいです。

階段を下りて地下……といっても斜面に立っているので、二階建の一階に下りていく感じですが、その廊下にはキツネの絵がたくさん飾ってあります。なぜにこんなにキツネが並んでいるのでしょうか?

廊下の奥には、薪ストーブの上にネコの陶器の置物がいて。妙な存在感があるので、私は個人的に「キャットさん」と心の中で名前を付けました。

モンローさんの家の中は探検しましたが、坂本さんのベットルームまでは行きませんでした。しかし後日、そこがモンローさんの寝室であったと言うことがわかりまして、「しまった。部屋を見せてもらえば良かった!」と後悔。

その横には豪華なシャワールームもありました。この家には三か所にシャワールーム、トイレは四か所ありましたね。

そこに、坂本さん、私、タカシ君、ニキさん、とあとは女性二人の計六人がこちらで宿泊をします。あとの方々は、もうひとつの宿泊棟のほうに部屋があり、そこからシェアの時や食事の時に移動してくる感じになっておりました。

そして、モンロー研での初ブリーフィング、セッションの前説的なものが始まるので、まずは家の離れ、キャビンに集合です。

坂本さんが「ここで、モンローは三冊目の本を書いていたんですよ」という話をしたのを聞い

これがキツネの像。確かにお稲荷さんの境内っぽいですね。

命名「キャットさん」。いい味出していますが、なぜそこに置いてあるのかは謎です。

ロバート・マウンテン・リトリーツ１Ｆの見取り図

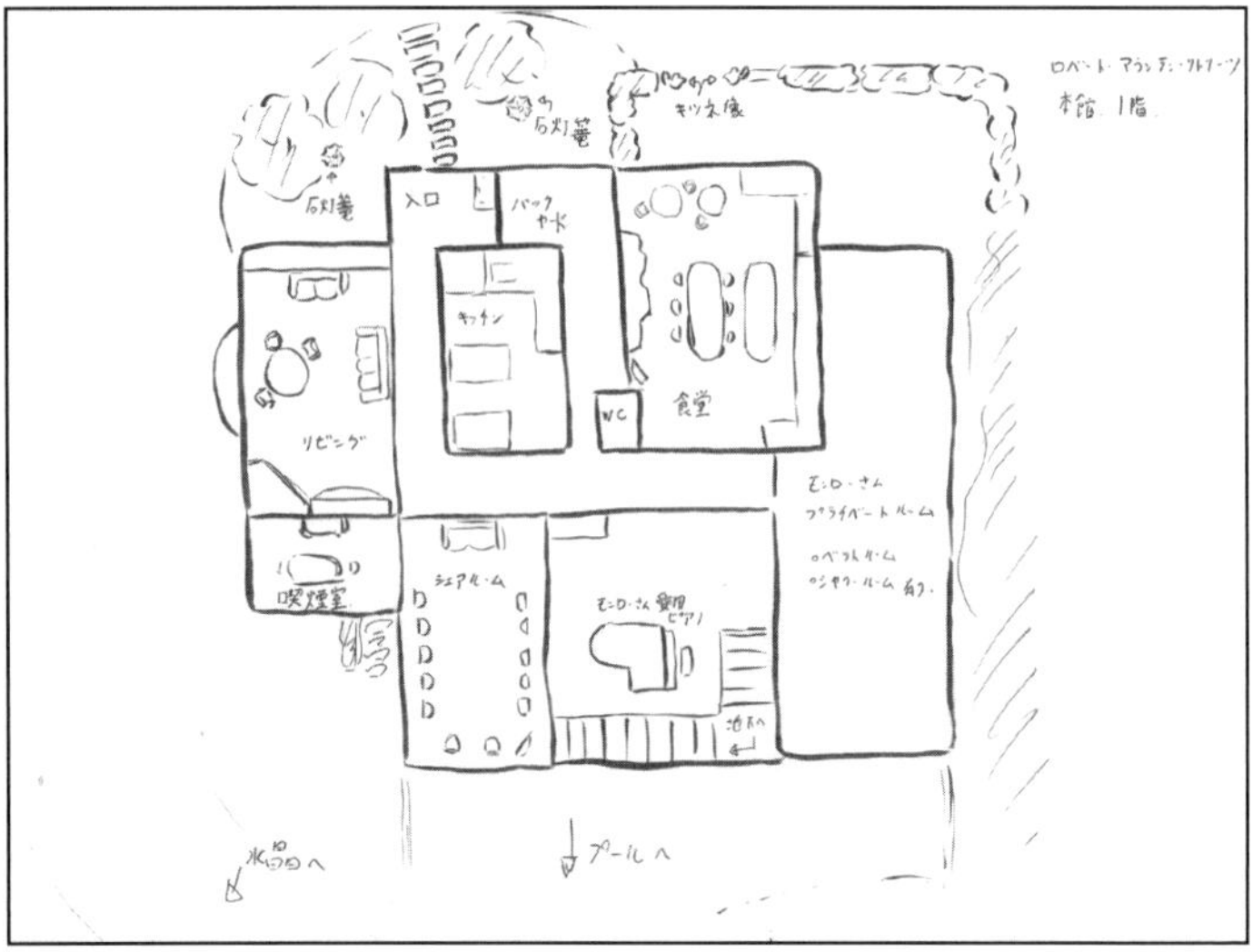

同じくロバート・マウンテン・リトリーツ地下１Ｆの見取り図

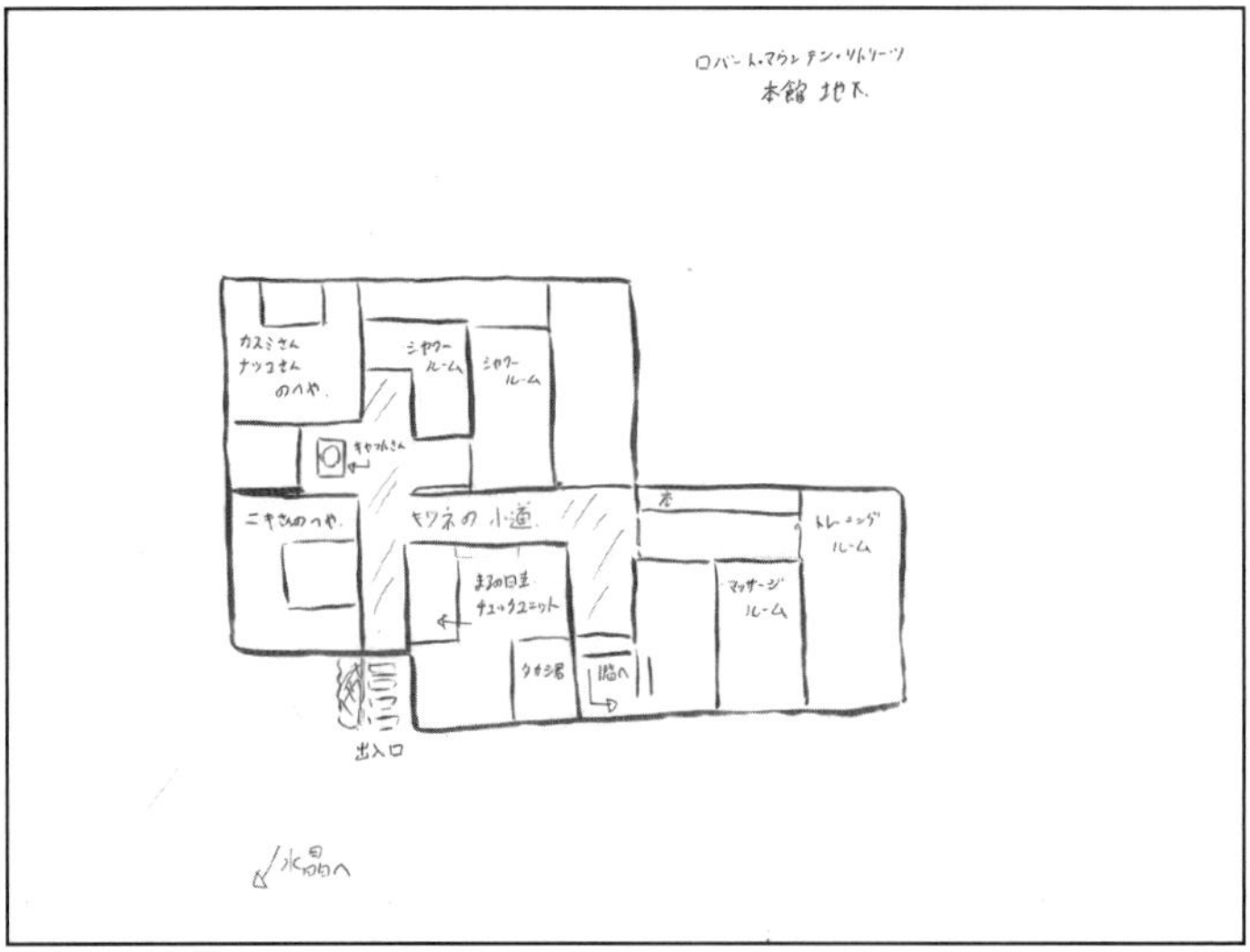

て、「ここ、ここであの本が！」と一人感動。

キャビンの内部は、アメリカ独特の、ログハウスの作り方で、椅子と暖炉と、そしてモンローさんの頭部像がありました。

そこでは最初、ペアを組んでそれで互いを紹介しあうという自己紹介を行いました。

私たちは三人で行ったので、かなり簡単に。

お一人の方は、ケイコさんと言う女性。後日聞くと、海外との美術品のやり取りとか、ホテル経営などをされていた才能のある方で、人間的にも柔らかい感じのする方でした。

もう一人も女性。こちらは今回女性の最年少、名古屋のナツコさんという方。ちょうど仕事を辞めて、次の仕事が始まる前にこちらのセミナーに参加されたのだとか。今度は和服屋さんにお勤めされるとか？

私の自己紹介は「まるの日圭、本書いてます」……とは言わずに、「熊本から来ました、年齢三十七歳で、ヘミシンクは五年くらい聞いてます」……まあ、そんな感じで。

皆さん、それぞれにお互いをご紹介して、互いの名前と顔を覚えるように努めました。

そして今回のトレーナー、ジョン・コータムさんのお話のあと、モンローさんの映像ビデオの上映です。

ジョンさんを見ているうちに、お侍さんの顔が浮かんできたので「ガイドはお侍さんかぁ」なんてぼんやり思っておりましたが、実際はどうなのでしょう？

モンローさんの映像。こちらの世界にまだいらっしゃるのなら、直接ここでお話が聞けたのですけど。直接会えないのは残念ですね。映像の中では、ゲートウェイ・ヴォエッジに対する考え方などを見ました。やはり、本場で見るのはいいなあ、と思いました。

しかし、眠い。モンローさんの声、渋くて聞きとりやすくてとてもいいのですが、私は家で英語版のヘミシンクCDを聞くと寝てしまうので、モンローさんの映像を見ながら意識が遠のいていきます。映像の途中から、意識がなくなって。「いやいや、寝るわけにはいかん！」と思って必死で起きようとしても、意識がなくなって……。

そんなことを繰り返していたので、ほとんど映像見てませんでした。正直、あまり内容を覚えていないという。もったいないことしてました。

でも、後で皆さんが言うには、やはり眠くて眠くてしょうがなかったと。私だけではなかったんですね。ちょっと安心。

そして、モンローさんの好きだったという、箱の中から出てくるアニメーションを見ました。いろいろなとらえ方のできる、そんなアニメーションでした。これはぜひ、現地で見て下さいね。

その間、キャビン内にはカメムシさんが徘徊しだしております。外からも次々入ってくるみたいで。今年は大発生しているみたいですね。「寿命が短いのであまりひどい扱いはしないように」と、ジョンさんはカメムシをすくっては外に放り出していました。

モンローさん家の離れになる「キャビン」。ここでブリーフィングが行われます。モンローさんはここを執筆活動にも使ったとか。

さらに、蛇も出るので、戸締りはきっちりしてくださいとのこと。

それどころか、クマもいるらしいとか。クマが入ってきたら冗談ではすみませんからねぇ。

そして、本日最初のセッションへと流れが向かいます。

離れを出たら、早速雨の洗礼を受けてしまいました。さっきまで雨降ってなかったのになあ。

最初はレゾナントチューニングを行うセッションでして、トイレを経由してチェックユニットに入ります。

チェックユニットとは、部屋の中にあるさらに区切られた小部屋で、人が一人中に入って横になれる空間があります。天井は高いので、中で立って暴れても大丈夫。

頭上に二個のスピーカーがあり、ヘッドフォンとボリュームスイッチ、そして、準備ＯＫの意味で入れるレディスイッチなどがあります。

暗幕で入口を閉ざすので、昼間でも中は真っ暗な空間になります。

一番最初にはこのように水飲み用の水筒と、なぜか靴下が置いてあります。

「なぜに靴下？」

足が冷えるのでしょうか？　私はもったいなくて使いませんでしたが、実際に着用した方は「暖かくて良かった」と言ってました。


さて、チェックユニットに入ると、最初にメタミュージックの『ガイア』が流れてきました。

それを聞いているうちに、すでに半分寝てまして、「始まりますよ」のナレーションで目が覚めて。

そして本番。モンローさんの声で語りかけて来た後、日本語の訳がついてくる感じです。

最初はなんとか起きていて。

だんだん眠って起きて。

アーとかウーとかいう音で目が覚めて。

がんばって起きてて。

結果的には半分寝てたかな、という状態でしたので、体験もなにもなかったですね。

そう思ってヘッドフォンを外すと、私の目の前に目がたくさん出てきたのです。丸く輪になって、ぐるぐる……いろんな目が私の上を回るのです。縦にも流れたりして、目の洪水を見ている

これがチェックユニット。この小さな空間での体験が、あなたの人生を変える……かもしれません。

感じでした。これは、何ぞや？

〝目〟は英語で〝アイ〟ですから、I《アイ》／T《ゼア》が見えたのか、それとも、「愛」に関するメッセージか。

この時は目の意味はよくわかりませんでしたね。


その後は自由時間で、リビングに行ってお茶を飲んだりお菓子を食べたりできるみたいでしたが、みんな疲れているのか、ほとんどリビングに集まらず。

私は何人かの方とお話しして、シャワーを浴びに行きました。この時、下のシャワールームに誰か入っていたので、上のシャワールームを使いました。

妙に「贅沢な作りだなあ」と思っていましたら、ここはモンローさんのシャワールームであったようで、「おお、モンローさんと同じシャワールーム使っているよ！」と後日感動。もはや、ストーカーか何かになっていないか心配ですが。


シャワーから出てくると、皆さんそれぞれに自分のチェックユニットにお帰りになったようで、その後は誰もいないリビングでくつろいでました。

「ここで、モンローさんはナンシーさんと暮らしていたんだなあ……」

「居間の隣にあるキッチンからは、出来立ての料理が運ばれていたんだろうなあ……」

私にとっては「ここに来るまでに五年かかった」ものですから、一人感慨にふけっていると、出てきました。脳内モンローさんです。

今は使われていない暖炉に火がともり、その横にモンローさんがいます。

暖炉に薪をくべながら、

「どうだい、ちゃんと言ったとおりになっただろう」

そう言って、笑っています。

「確かに、参りましたよ。私の希望がすべて用意されているんですから」

「これからもっと、自分の意識を広げていくことだ。君が今ここに来られたように、意識を広げれば、もっと君の進む方向がはっきりしてくる」

「しかし、どうなんですかね？　こういう状況になっても、まだ信じられませんけど」

「じゃあ、賭けをしよう」

「賭け？」

「今回、君が一度でも体外離脱をして私に会いに来ることができたら、君の意識の箱は一気に開けられ、希望は今後も叶い続けるだろう。出来ない場合は、今までと同じ、一つ一つ箱をクリアして意識を広げていかないといけない。どうだい？」

「面白そうですね、やりますよ」

「健闘を祈る」

そしてイメージはぼやけていきまして。

私は眠いので、自分のチェックユニットへと帰っていきました。

と言うことで、一日目は終了。モンロー邸での初めての夜は更けていったのです。

第三章　フォーカス10

霧のロバート・マウンテン・リトリーツ

チェックユニットの朝は、モンローさんの声で目覚めます。モーニングなんちゃら、というCDに入っているらしいのですが、渋い声なので、また寝そうですけどね。モンローさんの英語は聞き取りやすいので、なんとなく雰囲気で意味もわかるような気がします。

その後に、あの『ケーブルカーライド』が流れてきました。

「不協和音がイラッいて目が覚める」

という話題のものでしたが、後日、坂本さんから「これはモンローさんが自分で演奏している」という話を聞いてしまったので、モンローマニアとしては「これは次回仕入れねば」という気になりました。ま、興味のある方はお買い上げくださいませ。

私はそれらが流れ終わる前に目が覚めていたので、ぶらぶら早朝散策です。

森に朝霧が全体にかかっていて、幻想的な雰囲気です。遠くからユニコーンが駈けてきてもおかしくない雰囲気。

早朝の霧に包まれたロバート・マウンテン・リトリーツ。神秘的ですね。

とりあえず水晶に朝のご挨拶をして、せっせと写真撮影です。

朝霧にたたずむ巨大水晶。なんとも幻想的な雰囲気です……。

水晶も霧の中で見ると、また幻想的な風景で、なんとも絵になります。

しばらくすると、食事の準備ができたという鐘の音が鳴ったので食堂に向かうと、そこにはアメリカンな食べ物が並びます。

私は、本場のベーグル食べられたのでよかったですね。あとはあのカリカリベーコンとスクランブルエッグとか。あと、「これはどうやって食べるのでしょう?」と皆さんで話していた、オートミールにも初挑戦。感想としては「まあ、こういうものなんでしょう」。日本人にはなじみのない味でしたね。とりあえずドライフルーツ入れてみましたが、まあ、それなり。

それよりも、初日の朝からたらふく食べてしまって、こういう生活していたら、また太ってしまいますね。しかし、〝合宿へミシンク〟というと、リアルに〝食っちゃ寝〟ですからね。自制しないといけません。

その後、しばらく休憩になるので、リビングで話をしたり、外の水晶に行って周りで写真撮ったりしてました。

そして、鐘の音で召集がかけられ、今度は本館にあるブリーフィングルームに集合です。

そこは、以前モンローさんとナンシーさんが食事をされていた部屋だそうで、シャンデリアなどが飾ってある部屋です。

ここにあるローリーさん(と思われる)肖像画が、トリックアート的になっていて、どこに座っ

本館にあるブリーフィングルーム（シェアルーム）。ここでセッションでの体験を話し合います。

これがトリックアート仕掛けになっているローリーさんの肖像画。本を見る角度を変えて、トリックを確かめてみてください（?）。

ていても、なぜか目が合うようになっているのです。「見張られている?」感がして、ちょっと面白かったです。

それにしても、モンロー邸にはやたらと狐の絵とか小物が置いてあるので、「モンローさんって狐狩りが趣味だったっけ?」と思っていたら、奥さんのナンシーさんが狐好きなのだそうです。どこの部屋にも、廊下にも、狐の絵と小物だらけ。

狐かあ。阿蘇を出るときに、天気雨〝狐の嫁入り〟にあった身としては、シンクロを感じますそれに、伏見稲荷も狐ですしね。何かご縁があるのか?

あとは、いろんなところに水晶がおいてありました。

後日坂本さんから伺った話では、モンローさんが巨大水晶を買った時の業者さんが廃業するときに(?)安く分けてもらったものだそうです。そういうものがキャビンの屋根にも前にも外にも、ごろごろしてます。そして、庭にある巨大水晶も、スミソニアン博物館が「くれ~!」と言ってきたとかそういう話もあるらしいです。

余談ですが、私も今回は〝マイ水晶〟持ってきておりまして、それを庭の巨大水晶で充電しながら使っていました。

この日は朝の食事中にいきなり停電。まあ、たまにあることらしいです。ブリーフィング中に復活するでしょう、って感じで話が始まります。

まずは施設の説明。ここは地下水だそうで、セッション中は水をたくさん飲んだほうが良いと言われました。今回各自に水色のボトルが配られていたので、それに水を入れて飲んでくださいとのこと。事前情報では「以前は水飲みのボトルが付いていたけど、最近は靴下だけらしい」と聞いていたので、水飲みボトルはないんだろうなあ、と思って空港でミネラルウォーターのペットボトルを買っていたのですが。

なので、私は青いモンロー研マークの入った水飲みボトルは使わずに、空港で買ったミネラルウォーターのペットボトルを使用することにしました。なぜって？「涎でべたべたになると、もったいない！」からです。それに、家に置いて、ブルーソーラーウォーター作るのに使えるかも？……なんて思ったりして。

そして、昨日のレゾナントチューニングの体験をシェアしました。

そういえば、今回のトレーナーを務めるジョン・コータムさんは、坂本さんが最初に受けたゲートウェイ・ヴォエッジのときのトレーナーだったそうです。まあ、いろいろとご縁があるのでしょうね。

坂本さんといえば〝ダジャレ〟が一部で有名でして、個人的に「ダジャレはいつ言うのだ？」と待ちかまえていたのですが、今回は通訳に徹しられていたので、この日はまだ聞くことできませんでした。

セッションは、フォーカス10の準備のプロセスであるメンタルツールとアファメーションの説明から入っていきます。

フォーカス10では〝リラックスする〟というスキルを身につけるのが重要だそうです。自分がリラックスしている状態を理解するという感じでしょうか。なので、目、耳、におい、感覚をすべて動員させて、自分の、自分なりのフォーカス10を感じる術を見いだしていく——そういう感じのようです。

つまり、「リラックスできていれば目標達成」ということなのです。ですから、ゲートウェイ聞いていて「なんも体験でききんじゃんか！」とお悩みの諸氏。「なんかリラックスはするなあ」と思えたなら、それでOKということなのですよ。

そうこうしているうちに、最初の予告通りブリーフィング中に無事電気も戻ってきました。ようやくセッション開始です。その前に、ブリーフィングルームでみんなで手をつないで輪になって一斉に三回レゾナントチューニングしてから、トイレ経由でチェックユニットに入ります。

今回、私は今までに身につけてきた体験を得る方法を一度キャンセルして、〝モンロー研のやり方〟に終始徹していこうと思っていましたので、いきなりガイドのルリカさんは登場しません。フォーカス10を体験するなら、フォーカス10を探索し、新たな発見を得たいと思っていましたので。そういえば、導入時に「ハブ・ファ〜ン」とモンローさんが言うのかと思っていましたが、そうではなかったようですね。

それと、今回私のエネルギー変換BOXは、モンロー邸にある〝石灯籠〟になっておりまして。

最初屋根がはずれて、そこにじゃまになる意識を入れて。そして屋根のふたをすると、ピカッと灯籠が光って変換完了、となる感じです。アメリカンナイズされているかと思いきや、和な感じになってます。

さて、久々にしっかりと聞くフォーカス10ですが、リラックス感がものすごくしっかりと感じられて、体の感覚がなくなっていくのを感じました。手に握っている水晶とペンの感覚すらなくなる感じ。家でやっていると、なかなかにこの感覚を味わいにくいのですが、さすがチェックユニット。体の感覚がなくなり、意識だけが存在するような、そんな感覚になりました。

すると、なぜか気の向くところに意識は引き寄せられるものでして、外にある巨大水晶のところに意識が引き寄せられました。部屋の中から、窓の外に見える巨大水晶に視界がズームアップされて行く感じ。

すると、そこにはモンローさんがいて、「待っていたよ」という雰囲気で肩を叩いてくれます。そして、ほかの参加者の方が二名ほど来ていたような気がしました。

まあ、最初のフォーカス10の体験というとそんな感じでした。

しかし、自分の体の感覚がなくなっていく感じが味わえたので、とりあえずフォーカス10の体験はクリアしたようです。

あとは、なぜかギシギシという音が聞こえっぱなしでした。これはヘッドフォンのきしみかと思っていたのですが、そういう音はしないのですよね。知覚が広がると、遠くの音も聞こえる場合があるということで、どこかの部屋の音が聞こえていたのかもしれません。

そして、シェアの時間です。

私と、南米の奥地に入ってシャーマン体験をしたヤリタさんと、ちょっとミステリアスな雰囲気を持った女性の方が水晶のところにきていたということを言われていました。それぞれが、「誰かが、他に二、三人いたけど」と言っていたので、互いに何らかの認識はしていたみたいですね。

このミステリアス美女の方はカスミさんというのですが、最初から雰囲気がある方でして金縛り経験や振動経験もあるというお話。

「何か、ちょっとこの二人は経験値高そうだぞ」と勝手にマークしてみると同時に、私の感じたイメージもあながちはずれではなかったなぁ、と思いました。

次のセッションは『レゾナント・エナジーバルーン』、いわゆるリーボールの作り方を学びます。具体的には色、形、動き、熱、もしくは雨みたいだったり、雲みたいにもやっていたり、色を感じたり……というように、自分がどのようにそれを感じられるかを学ぶわけです。

チェックユニットに入り、準備のプロセスを行っておりますと、今回は驚いたことに、自分のリーボールが見えたのです。というか、頭の上から放出するエネルギーの流れと、下から入り込むエネルギーの流れが見えるのですよね。まるで、白色わい星から放出されるエネルギーの図を見ているかのように。なので、自分の斜め上あたりから見ている視点になっていますね。オレンジ色の美しい流れが、頭のところ、少し上にあるリング状のところから流れ出して、私の体を包み込んでいます。こういう見え方は初めてだったので、「さすがモンロー研」と妙に納得。

今回はリーボールを作ってから、今回参加のみなさまの元にエネルギーを勝手に送っておりました。それぞれのチェックユニットをイメージして、そこのエネルギーに接続して、内部をエネルギーで満たして……。実は、この日最初のブリーフィングの時も、「この場所をエネルギー的に満たすと、もっとリラックスして話ができるようになるんじゃなかろうか」ということで、勝手にエネルギーを流したりしていました。今回参加するにあたっては、「何かお手伝いできればいいなあという気持ちもありましたので、ここそこエネルギーを広めていました。

そうしていると、また外にある巨大水晶に意識が向きました。近づいてみると、蜂の巣模様のような幾何学模様が表面に浮き出てくるのを見えました。「何かのプログラム?」――そんな印象をうけましたね。

その後シェアとなるのですが、それぞれにそれぞれのリーボール体験があったようでしたね。

そこでトレーナーのジョンさん曰く、

「リーボールを知ることは、トータルセルフを知ることであり、その一部である」

とのこと。さすが、言うことが深いですね。

そして、実際の使い方などを説明してくれました。

乗り物のようにして、探索につかったり、ヒーリングに使ったり、自分の肉体と非物質の体を癒したり、人にメッセージを送る際、リーボールにそのメッセージを入れて送ってみたり、ネガティブになるとき、自分の身を守るとき……などなど。使用方法はいろいろとあるようです。


次は実験。

両手を広げて、その間にリーボールを作ってみて、隣の人と交差してみます。すると、それが引っ張られるような感じがしたのです。

また、ワンブレステクニックで身につけた方法でリーボールをそこで作ってみて、二人一組で相手のリーボールをさわってみよう、というゲームもやってみました。

そこでペアを組んだ、自己紹介でもご一緒したナツコさんが「なんか、ここからへっこんでますね」と私のリーボールをさわって言うのです。

実は、私のリーボールは十六面体でして、八角錘の上下合わせている形です。ですから、私の頭のあたりは下のほうよりも細くなっていて当たり前なんですよね。ナツコさん、私のリーボールを触るだけで形まで認識できたというわけです。私のリーボールを触って、「上の形が変わってますね」と言われたのは初めてです。さすがにモンロー研、皆さんレベル高いですね。

レイク・ミラノン

シェア後、昼食になったのですが、その場で「レイク・ミラノンにはいつ行きましょうかね」という話になりました。『レイク・ミラノン』とは、モンローさんに非物質世界の情報をいろいろと与えてきた、非物質生命体の名前をつけられた湖のことです。

翌日からはマッサージを入れている方がいるので、じゃあ、ということでこの日の午後に行くことになりました。

さっそく、ジョンさんの愛車、二トン車くらいはあるアメリカンなピックアップトラックの荷台に六人くらい、座席に三人くらい乗って、風に吹かれて気持ちよく移動です。

空も空気も美しく。良い風景が広がっています。まさに、『あらいぐまラスカル』の世界。

ナツコさんは「トラックに乗っている私を撮って！」と言って、写真を撮ってもらったり。

確かに、私もこういうトラックに揺られていくのは楽しいので、テンション上がる気持ちもわかります。

私も一緒に乗っている人を撮影したりして楽しく移動していくと、牧場に到着。途中から車を降りて牧場を歩いて行きます。

まるで映画の中の風景のような、そんな景色です。まあ、阿蘇みたいって言えば阿蘇みたいなんですけどね。

ＴＳＴにも出入りされているユキさんと「阿蘇っぽいですねぇ」と会話したり。私はこの方はナナさんとも良く話をされていたので、もう私のことを知っていると思ってましたので、安心してタイさんの話とか、阿蘇の話とかをしておりましたけどね。

阿蘇は春はこんな感じですが、すぐに草ぼうぼうになるので、それがちがうところでしょうか。

モンローさんの家からレイク・ミラノンはちょっと遠いので（徒歩四十五分くらい。ちょっとではないですね）車の移動となりましたが、ナンシー・ペン・センターからは歩ける距離だそうで、普通は皆さん歩いてきているようですね。しかし、帰りはつらい登り坂らしいですが。


レイク・ミラノン――響きからして、さぞかし静かで美しく、大きいのかと思っていましたら意外と見た目小さかったです。西原村にある、桜の綺麗なため池よりも小さい感じです……って、ちょっと熊本人限定ローカルネタですが。

ナンシー・ペン・センターもそうでしたが、イメージで想像するとなんでもでかく感じるものですからね。

すでに先客の男性が海パンでボートをこいでいたようで、私たちが到着すると、さわやかな笑顔を残してすれ違っていきました。海パンなのに、びしょぬれの靴と靴下をはいているのはなぜ？と思いましたが。

ジョンさんの愛車のピックアップトラック。これに乗って、レイク・ミラノンまで移動します。

ピックアップトラックの荷台から撮影。移動中の風景はこんな感じ。

とりあえず、湖に来たらボート遊びですね。

落ち着きのあるスレンダーな男性のヨシさんとカスミさん、ナツコさんの三人が乗って一艘で船出しました。いいですね、美女二人と船出とは。

しかし後日伺った話によると、ヨシさんはモンロー研から帰るとすぐ試験だとのことで、のんびりとモンロー研だけを満喫しているわけにはいかないような感じでした。皆さん、いろいろとお忙しい中をぬって、時間を作ってモンロー研に来ているようですね。

そういえば、この三人の中で一番若いのがこのヨシさんだと後で聞いて、また驚きました。一番落ち着いていたので、正直、私と同じか上かと思ってました。スミマセン。

ヨシさんが慣れているみたいでしたので、船は何の問題もなく戻ってきました。

次は誰が乗る？　という話になったのですが、船は二艘、オールも二本。さあどうしようというところで、せっかくなので二艘それぞれにオール一本ずつということになりました。

私は、今のところ一番会話している女性二人、ナナさんとユキさんと共に、オール一本でこぎだしました。

さて、一本のオールでどうやって漕ぐか？　三途の川の船頭風？　ベネチアのゴンドラ風？

……あれこれ考えた末、オールが短いだけでなく、船の安定も悪そうだったので、カナディアンカヌーの漕ぎ方で進むことに。いわゆる、『あらいぐまラスカル』のスターリング少年が作っていたカヌーのような漕ぎ方ですね。

十年くらい前、西表島でシーカヤック転覆させて、台湾まで流されそうになった経験から、風向きと船の漕ぎ方に関しては体に身についていますので、左右に漕ぎながら風の流れを読んで。そちらに舳先を向けながら進んでいきます。横風を受けると、そのまま岸に流されてしまいますからね。

途中、いろいろと話をしながら船を進めていきます。

水面を流れる風と、水面に起こるさざ波。

そして、緩やかな日差しの中で交わされる何気ない会話。

ユキさんとは阿蘇の話をしたり。ナナさんとも体験についての話をしたり。

静かな水面を滑っていく感じは何とも気持ちよくて。

スターリング少年がラスカルを森に帰す時の雰囲気は、こういう感じだったのだろうか……と思ったりして。別に、お二人を山に帰しに行っていたわけではありませんが。

で、そのときもう一艘船出したはずなのに、姿が見えず。向こうに回って戻ってきたら、どうやらもう一艘のほうは途中で風に流されて挫折したとのこと。オール一本だと、風の影響が結構ありますからね。

その後、ヨシさんと、自己紹介の時にご一緒だったケイコさんが船出をして、奥の方へと進んでいきました。

今回、自分が思いの外、操舵が上手く行ったことで、「なんでも経験しておくべきだなあ」と思いました。シーカヤックで転覆してから練習したおかげで、今回オール一本でもスムーズに移動できたようなものですからね。

岸に上がってからはちょっと山を散歩。他の方は柳の下でゆっくりしていたり、横になったりのんびりとした午後の風景が広がります。

このとき、妻の忠告を守っておけばよかったと思ったことの一つに〝帽子〟がありました。妻が「アメリカだとサングラスと帽子が必要」と言っていたのですが、「気候が阿蘇みたいなもんなら、いらんでしょう」と持ってこなかったのです。そしたら、この日は日差しも強烈になってきまして。帽子がないとちょっときつい感じでしたね。海外経験のあるユミさんは、やはりちゃんと帽子持ってきているし。経験者の話は聞かないといけませんね。

そういえば、「モンロー研ではサンダルが必要」というタイさんのアドバイスにしたがって、実際に持っていってましたが、これは本当にヒットでした。やはり経験者の話は聞いておいたほうがいいですね。

レイク・ミラノンは地元の人は泳ぐらしいですが、日本人は「ちょっとご遠慮します」的な感じでした。泥とか底にたまってますしね。でも、水はきれいです。サンショウウオもいましたし。

ここがレイク・ミラノン。ちょっと大きさ的には期待はずれでしたが、ボート遊びをできるくらいの広さは十分にあります。

午後の昼下がり、休憩に有効利用された柳の木。

どうやら、湧き水の出るところをせき止めて作ってあるようですね。ただ何のために作ったのかわかりません。日本ならば水田用なんでしょうけど、農業用水にしては、下流になにもないし。坂本さんとも、「この池の意味はなんでしょうね？」という話をしたりして。結論としては、モンローさんの趣味ではないかという形に落ち着きましたが。

モンローさん、今回私たちが食事をとっている部屋に、なんと滝をこしらえていたそうです。ただ、水漏れがするので結局あまり使っていないとか。壁に、ロッククライミング練習用みたいな部分があったのはそれだったのですね。

そういえば、以前勤めていた会社の社長も、新施設を作るときに「滝を作る」と言いはじめて、最初の方の設計図には広間に滝がありました。結局、いろんな人の反対もあり、ステージになったんですけど。「実業家は滝が好き」なんですかね。謎です。

ミラノン湖の横の森にはリスも出てきました。もっと木々が茂った頃に来ると、また違った印象なのでしょうね。

まあ、アメリカのリスはでかい。エゾリスよりも一回りでかい感じしましたけど。妻が「ハイイロリスはいた？」と聞くので、そういう品種なんでしょう。残念ながら、その時はカメラを持ってなかったので、写真は撮れませんでしたけど。

後で聞いたところ、その山には水晶がたくさん転がっているみたいでしたが、地主の人が置い

地元・阿蘇を思わせる雄大な原野が広がります。

ている可能性もあるので、勝手に持っていってはいけませんよ、ということで。私はリスとか見ていて、そういう水晶にまったく気が付きませんでしたけど。

あとは、湖に石を投げて飛ばしたりして遊んでましたね。

ゆったりとした、アメリカの牧歌的な午後です。

そういえば、船出したヨシさんとケイコさんがなかなか戻ってこなかったので、ちょっと皆さんやきもきしましたが、やはり風で流されて奥に行ってしまったらしいです。まあ、でも無事に戻ってきまして一安心。

時間になったのでみんなで引き返します。

またトラックの荷台にのって移動。

そして、しばらく休憩の後、午後のセッションに入ります。

リモートビューイングに挑戦

午後一セッションは『エナジーバーツールの作り方』。これもゲートウェイのCDではおなじみですね。

坂本さんが「スターウォーズのライトセイバーみたいな感じで」とおっしゃっていた光の棒のようなものが基本型ですが、あとは想像力を生かして、いろいろな形にして使えます。

例えば、真っ暗で見えない時は懐中電灯代わりに、乗り物のように使ってみたり、望遠鏡のようにして、リモートビューイングしてみたり……その基本形を作るセッションです。

で、聞き始めると……

点になります。

線になります。

ZZZZZ…………。

カウントを開始します。

そこで「ハッ」という感じで目が覚めて。

午後はどうしても寝ますね。昼間にせっせとボートを漕いでいたせいか。

タイさんのところで受けた時も、奈良の時も、午後一番はたいてい寝てましたし。モンロー研でもそう言う感じのようですね。

キャットナッパー聞いていたせいか、時差ボケはあまり感じていませんでしたが、少しは影響あったのかもしれません。

シェアの時も「寝てました」ってことしか言えませんでした。


午後の二セッション目は『フリーフロー10』です。

「フォーカス10のフリーフローで、それぞれが今必要と思うことを試してみる」のが目的です。

エネルギーバーツールで遠隔視してみたり、リーボールでメッセージを送ってみたり、ガイドからのメッセージをもらってみたり、トータルセルフに自分に必要なものを見せてもらったり。

で、私はなにをしたかというと……。

さっきの休憩中に、今回参加されたカスミさんがこんなことを言っていたのを思いだしまして。

猫が十一月十一日に行方不明になったので、ヘミシンク中に参加者のところに出てきた場合は教えてください……と。

「よし、これがミッションだ」

そう思った私は、あまり得意でない〝遠隔視＝リモートビューイング〟に取り組むことにしました。

まず見えてきたのは、子供と土手とマンションの様子と猫の様子。

土手を駈け下りると、そこには子供が遊んでいて、そういうルートで外に出たような雰囲気でした。そして、毛の長い猫と一緒に仲良く過ごしている様子とか、怖い黒猫がいたとか、リードのようなもので猫をつないで散歩しているような姿とか、優しい女性に飼われていてとてもいい感じとか。特徴的なマンションの形と色も見えました。

うーむ？

とりあえず見えたものと、その猫のガイドとも接触して、今回はそれくらいで終了。

その後夕食となったので、カスミさんに見えた情報をお伝えすると、どうやらその方の住んでいる家とか猫の過ごしていた様子が見えていたらしく、肝心の猫のいる場所、ではなかったようでした。

ただ、猫はまだ生きていて、どこかに潜んでいるような情報はもらってましたので、たぶん生きてますすよ、ということをお伝えして。「ただし。私の見たところ、ですから」と念押しして。

そのとき、ヤリタさんも同じように猫君の様子を見ていたみたいでした。かわいい雌猫と一緒にどこかに移動して、そして生きているような感じ、とおっしゃってました。

ヤリタさん、私、カスミさん、と三人とも最初に水晶のところに行っていたメンバーで、なんかそういうご縁でもあるんですかね。

その後、イブニングワーク、夕食後のシェア時間があったとき、ヤリタさんから促され、猫の話をみんなにシェアしました。

そのときに、ヤリタさんは火山の噴火する様子もイメージで見ていたとか。

後日、そのころに宮崎のほうで噴火もあったらしいですし。

そして、カスミさんはフリーフローの間に、リーボールで福島とか火山にエネルギーを送るよう働きかけられたとかで。

なんか、ひょっとしたらすごいメンバーが集まってしまったのかもしれません。

「初日からこんなにビジョンをみている人がいると、後日どうなることやら」

トレーナーのジョンさんも冗談っぽく言われてましたね。

そして、夜はキャビンでまたDVD鑑賞となる予定でしたが、あまりにもカメムシ君がたくさん入ってきていたので、本館のリビングにて見ることに。

今年はこのカメムシ君が大量発生しているらしく、昔ながらのアメリカ的ログハウスの作り方であるキャビンには結構隙間があって、中には大量に入ってきておりました。

本館にもたくさん入り込んできていましたけど、まだましですね。チェックユニットには入ってほしくないので、なるたけ電気消してから夜は出てきてましたけど。

で、ローリーさんとモンローさん、そして、現在所長のスキップさんのまだ若かりしころの映像など見ました。

夜は本日最後のセッション『イルカのデック』です。このあたりの話は本でも読んだことがあったような気がしますが。

モンローさんの奥さん、ナンシーさんが乳ガンの治療で入院中に、点滴がうまくいかず腕が腫れていたそうです。

そのとき、友人の一人が「イルカをイメージして、その腫れているところを治してもらおう」と考え、実験したところ腫れが引いたとか。

そのエピソードを聞いたモンローさんが、興味を持った……そういう話ですよね。

「最高のヒーラーを集めて、その脳派を測定して、その脳波状態になれるようなヘミシンク音をつかって、イルカのデックを使ってみます」

最高のヒーラーの脳波って何？

なんかすげーことになりそうで、わくわくしてセッションに入りましたが……。

まあ、気持ちいいこと。自分の体の悪そうな部分を小魚の姿に変えて、私はそこをイルカに食ってもらうというやり方になってました。レイク・ミラノンでボート漕いだ筋肉痛とか。

途中、時差ボケ解消にも使えないかな？　と思って、体にある時差ボケ粒子（？）を魚に変えて、イルカに食べてもらってました。

体の中に、小魚の群れがわさっと出てきて、そこにイルカのデックが飛び込んで全部ぱくぱく食べてしまう感じ。

それが終わると、そのまま熟睡してしまい、終わりのナレーションで目覚めた感じですね。

終わってから本館の居間では話したい人が集まってくるようになっていたのですが、いたのはほんの数人。

私が行くと、そこにいたヤリタさんが「あれは反則だよね」と言って笑ってました。とても眠くなるということで。ヒーラーというのは、半分眠りながらやっているのかもしれません。

まあ、私も実際頭ぼーっとなってますからね。

そんなときに「ここに印鑑押して」とか言われると、つい無意識に押してしまいそうになるくらい。ヒーリングしてるときは、通帳と印鑑は見つからないところに置いておかないと、いけませんね。


実は夜間については、今回から初の試みが行われていたようです。

これまでは、夜はチェックユニット内には『スーパースリープ』しか流してないのですが、今回からは夜に目が覚める人のために、夜中に『フォーカス10フリーフロー』を流してくれるとか。

なので、時差ボケで夜中に目が覚める人もそのときにフォーカス10を体験できるわけですよね。

でも、私はナレーションで目が覚めて。トイレに行って、そのまま寝ましたので。

まあ、気持ちよく眠れたかな……的な体験でした。

そのときにも、「リモートビューイングで猫君の行方を……」とやってましたが、手がかりはぼんやりとあったくらい。

高台、ブドウのレリーフ。ブドウの棚？

まあ、あまり役には立ちませんね。

そうして、モンロー研で迎えた二日目の夜は過ぎ去っていきました。

外ではカジカガエルのような鳴き声が響いていています。

いい夜です。

第四章　フォーカス12

前日の夜、カエルの声がとても美しく聞こえていたので、どこかに小川でもあるんかな、と思っていたら、なんと敷地内にカエルが住んでいたのでした。

カエルの置物がある小川があって、これはなんだろうな、と思っていたらカエルたちはそこを目指して夜の道をぺったりぺったりと歩いてくるのですね。

ジョーさんが、夜中に「カエル踏むと大変」みたいなことを言っていたので（もちろん英語ですよ）、写真を撮りに行ったのですが、怪獣映画的な出来になったので、昼間のカエル写真をアップです。

大きさはトノサマカエルよりでかくて、ヒキガエルより小さいくらい。見た目と違って、カジカカエルのようなきれいな声で鳴いていました。繁殖シーズンなんでしょうかね？

前日、坂本さんに「この上の道はモンローさんの歴代ペットの墓があるんだよ」と聞いてたのでちょっと入り込んでみたところ、所々に石を積み上げた墓がありました。

でも明るい森なので、そんなにおどろおどろしくはないですね。歩くと気持ちのいい場所です。

ちょっとモンロー家のペットへ思いを馳せたりして。

体外離脱したら、いくつもの黒い影にしがみつかれて、ひきはがしてもはがれなくて、モンローさんが泣いて逃げ回っていた（モンローさんは本の中でよく泣いてます）ら、その黒い影の正体

これはカエルのモニュメント。

こっちは本物のカエル。

が、実はペットの猫が非物質的にじゃれついてきていただけだった、という逸話があって。それを知っていると、「ここに眠る猫たちも、モンローさんと一緒に体脱していたんだなあ」と思えて。感慨深いものになりますね。犬のお墓もあるように感じましたけど。

そういえば、モンロー家の喫煙ルームのテラスにあるオーナメントを見ると、猫好きだったんだなあ、なんて思わせられます。

そして、モンロー邸の居間に行くと、必ず誰かがいますので、ちょっと話をしたり、コーヒーを飲んだり。

そこにあるものは、飲み放題、食べ放題なのですが、〝カメムシトラップ〟があるので要注意。前日の夜は、紅茶の冷えたの飲もうと思ってグラスについだら、カメムシ君も一緒に浮いてましたし、スナックを食べようと手にとって、口に入れようと思った瞬間、違和感を感じてみたら、スナックの中にカメムシ君がいたり。

そういうトラップに引っかからないようにしないといけませんでしたね。

でも、だんだん皆さん慣れてきていて、「まあ、踏んだりしないならいいかな」的な寛容な気持ちにはなってきてました。

足下にやってくると、そっと踏まれないようにどけてみたり、座ったり歩く時も気をつけたり、そういうことを自然にしてしまう雰囲気がここにはありますね。虫とも共存、って感じで。カメ

ここがモンロー邸の喫煙ルーム。セミナー中は意外や意外、喫煙ルーム内であれば喫煙は自由です。さすがにアルコールは×ですが。

喫煙ルームのオーナメントをアップで撮影。まごうことなく猫ですね。

ムシ君も素敵な同居人ってことです。

そもそも、皆さん敵意を持っていないせいか、カメムシの臭いにおいをかいだことはありませんでした。優しく接していれば、カメムシもそれに応えてくれるものです。

ただし、寝室（チェックユニット）は別ですよ。あくまでも友人であって、愛人じゃないですからね。


今朝の朝食もおいしく頂きました。「また太るなあ」と後悔しつつも、食べられるときに食べないと……的な考え方もあって。

今日はシリアルにも挑戦。それも、牛乳ではなくて、〝ライスミルク〟をかけてみて。

ライスミルクとはなんぞや？　って感じですが、感覚的には豆乳みたいなものですかね。でも私の感想では〝濃いコメのとぎ汁〟的なあっさり感。まあ、味の濃いシリアルには結構合いましたよ。

さすがアメリカ、いろいろあります。


シェアルームでは、前日のデックの体験談、そして、寝るときに流れていたフォーカス10フリーフローの体験談などを皆でシェアしておりました。

まあ、デックのところはみんな熟睡っぽい感じでしたね。

夜中のフリーフローはそこで体験をしていた人もいたみたいで、いろいろと実験してみると新しい発見があるようです。

私はどっちも寝てましたけどね。

この日は朝から、地球のクッションを投げて名前を言いながらパスするゲームをしました。

私はまだ皆さんのお名前を覚えてなかったので、カンニングノートを見ながらやってました。

最初の自己紹介の時に、私は簡単な特徴を書いた似顔絵と、お名前をさらっと書いていましたので、それが役立ちましたね。

なんでも記録しておくと、後日役に立ちます。

まあ、私の場合は後日ブログに書くために、結構詳細に記録とっていたところもありますけどね。仕事みたいなもんですから。

さて、この日はフォーカス12の話になります。

フォーカス12で感じることのたとえに、よく意識が拡大するとか言われますが、五感を越えたところを知覚するのに、五感に変換しないと理解できないような、非言語交信的な世界という感じですかね。

わかりやすい例として、太陽と星の話をされていました。

昼間は太陽が強いので普段から空に存在する星の光が見えにくいけれど、太陽が沈んで夜になると、これまで見えにくかったその星の輝きが知覚できるようになる――これを五感を太陽に星の光を五感を越えたところに当てはめると、五感を鎮めることで向こうの世界が知覚しやすくなる……そういう感じでしょうか。

ただ、向こうからの情報は、ユーモアやセンテンスなどに変換されてくる場合もあるということで注意が必要です、とも。

あと、前日までのワークは、旅に出る前の準備みたいなもの、トランクにつめこむ道具を用意していた感じですね。そして、今日から、実際に非物質の旅にでかける……そういう感じのようです。「トランク一つだけで、浪漫飛行にインザフライト」ですよ。でも、ジョンさんは〝船出〟って言ってましたけどね。ま、どっちでも。

そして、午前中の第一セッションが開始されます。

まずはフォーカス12を体験する、ということで、トイレ経由でチェックユニットにGO！です。

しかし、トイレ、バスの割り当てが三人で一つくらいなので、ちょっと行列ができます。

ここで、チェックユニットの話ですが、中には、頭の上に左右二つのスピーカーがありまして、そこからもヘミシンク音が流れてきます。

なので、ヘッドフォンがいやな人は、そちらで聞くことも可能です。ただ、外の音が気になる

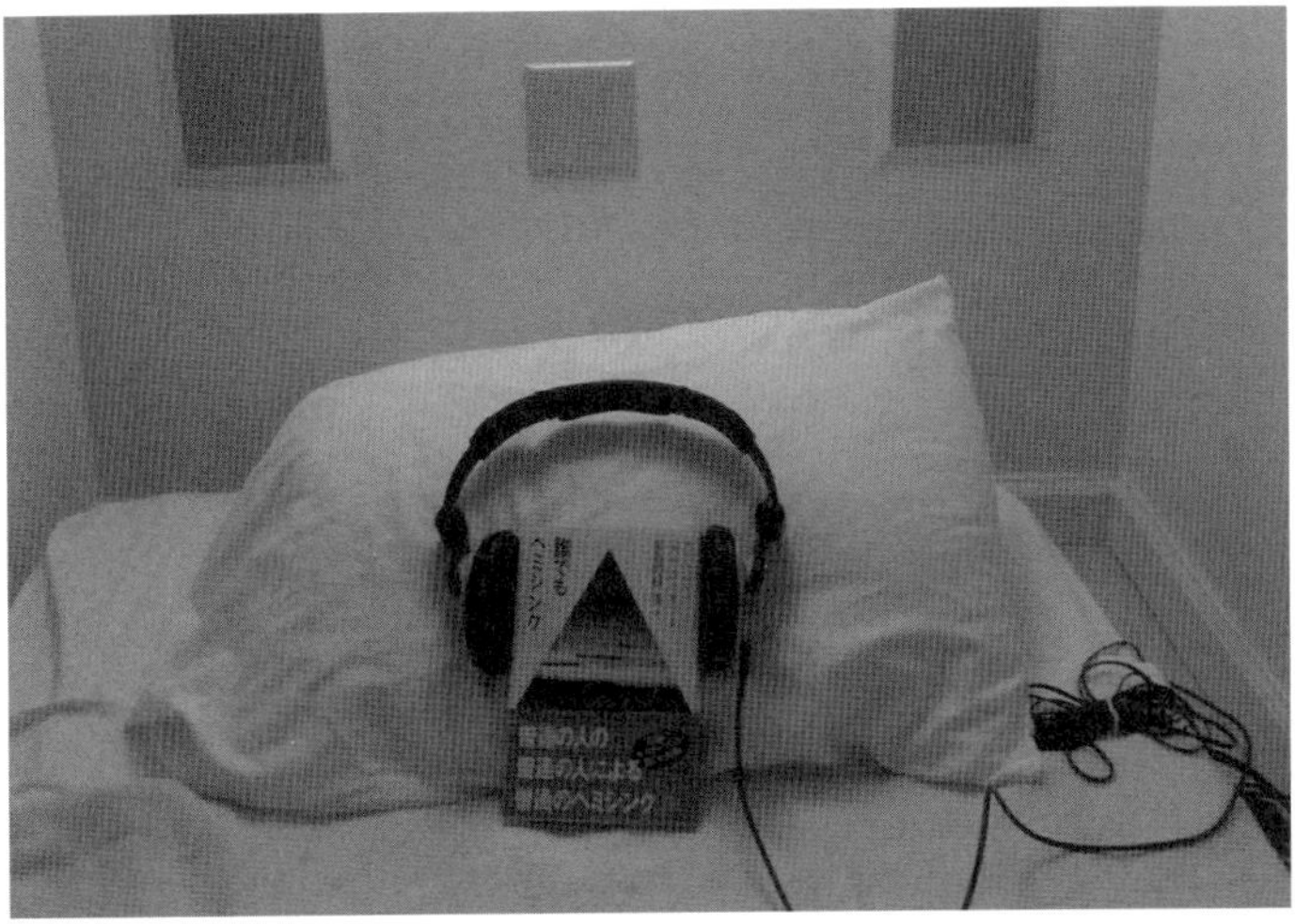

チェックユニット内はヘッドホン、スピーカー両方から音が流れるので好きなほうを選んで聞くことができます。

場合はヘッドフォンしているほうがいいですね。そのほうが効果も高い感じしますし。

チェックユニットに入ると、まずは暗幕をせっせとベルクロで止めて、〝レデイ〟スイッチを入れます。

〝準備ＯＫ〟の時にこのスイッチをＯＮにすると、コントロールルームに電気が点る仕組みになっておりまして、〝意識の旅に出る前の準備スイッチ〟って感じで気分も盛り上がります。

それを入れてから、私はヘッドフォンをして、チェックユニットの電気を消してました。この手順は人それぞれ違うものでしょうけど。

ヘッドフォンからメタミュージックが流れてきて、セッション開始です。

フォーカス10で学んだ準備のツールを活用し、エネルギーの感じを整えます。

エネルギー変換ボックス、レゾナントチューニング、リーボール、アファメーション。そして、必要とあればエネルギーバーツール――それらの道具を駆使して、これからフォーカス12へと旅にでます。

エネルギーバーツールのところで寝てた人はどうなんだ？　って感じですが、まあ、一つくらいなくてもなんとかなるでしょう。リーボールでも代用ききますしね。

最初に新しいフォーカスレベルに行くときは、必ずフォーカス10～目的のレベルまで行って、戻って、を繰り返しますが、今回ももちろんその手法です。そこで、10と12の違いを感じていきます。

モンロー研では、毎日朝のセッション前にシェアルームで輪になって三回レゾナントチューニングするのですが、最初レゾナントチューニングの時にそのときの感覚がありました。外にある巨大水晶の周りに全員で集まって、輪になってそこで発声している感じですね。参加者全員が水晶の周りにきている感じがしました。

そして、フォーカス10と12の違いですが、以前は10は意識が頭にあって、12は全身が頭になった感じ――がありましたが、今回はフォーカス10の時に意識が体の中にあって、12の時に体の上にあるような感じを受けました。これは、モンロー研だから感じることができたのかもしれませんが、その後の〝体脱っぽい〟体験に続いていきます。

相変わらず、フォーカス10の時は〝猫情報〟に意識を向けて、12になったら、〝体外離脱〟を意識してみました。モンローさんとの賭けもあるし。

するると、意識がロバート・マウンテン・リトリーツの上空にあり、横にモンローさん、そして全体を空から見下ろしている感じがしました。しかし、これくらいの体験は以前もしたことがあります。確かに体の感覚は薄れていて、意識が外から見ている感じを体験しているのですが、別に振動も何もないのですよね。

これって、体脱と違うんじゃねえの？　想像じゃ？

そう考えて、何かの証拠がほしいと意識します。

すると、目の前に私の体らしきものがある気がしてきまして、顔のあたりをつねってみます。まずは鼻をつまんだら苦しくなって起きるかな、とか変なこと考えて。しかし、特に苦しくなく。

まあ、そういうことであろう、と何となく思って、今度は右頬をさわってみると、自分の左頬をさわられているような感じがしてきます。やめるとその感覚がなくなって。

これは、佐野美代子さんのワークに出たときに体験した、微妙に体脱っぽい体験と同じだな……そう思いました。

できれば、もっと「明らかに体脱してまっせ！」という体験がほしい！

と意識すると、足から引き上げられる感じがしました。

そして、今度は頭のほう。

そして、ひっくり返されて。

チェックユニット内で逆さ吊り。

もっと、こう、「空飛んで気持ちいい‼」

とかそういう体脱にはならんのか?

そう思いましたが。とりあえず明らかに体の中と外が別に動いてる感じは感じられました。

私にとって、体脱とはこんな感じなんでしょうかね?

まあ、この程度でモンローさんとの賭けに勝てるのか?

という疑問を残しつつ、今回のセッションは終了。

シェアでも逆さ吊りになった話はしましたね。

そのとき、「自分の体を見なかったか?」とトレーナーのジョンさんに言われましたが、逆さ吊りのときは見ませんでしたね。そういえば。


そして、次のセッションは『問題解決』です。フォーカス12で、三つの質問をします。そこで答えを受け取るのですが、このときにトレーナーのジョンさんが言われたのは、「受け皿を用意する」ことだそうです。

〝感謝の気持ち〟で受け皿を作っておくと、答えを受け取りやすいということです。

必死で答えを得ようとするのは、水道から流れ出る水を手でつかもうとするようなもので、それでは一生懸命がんばっても少ししか得ることはできませんが、両手を受け皿の形にして水道の下に持ってくれれば、必要な量以上の水を受けることができる――そういうイメージのようです。

なるほどですね。

で、メッセージの受け取り方も、手紙、映像、シンボル、言葉遊び、ダジャレ、ジョーク、音楽……などなど。私の場合は、「これ雑念じゃないの?」的な前日見たテレビの映像なども、メッセージである場合が多かったですね。ある場面が思い浮かんだ時は、それも答えの場合がありますので。エネルギーバーツールを釣り竿にして、先に質問をつけて投げてみたり、ブーメランにして質問を投げてみたり。

そして、〝待つ〟――これが重要のようです。「なんも来んがな」と思っていても、それが答えの場合もあるということで。そして、セッションのあとに答えが返ってくる場合も多々あるそうです。

ということで、こういうヘミシンク使って質問の答えを得たい場合は、「自分をオープンにしておく」ことも必要みたいですね。来たものは受け入れ、感謝する。それはすべて自分の成長に必要なものなのですから。

……という感じのブリーフィングでした。

すべてにおいて納得ですね。私も体験していることなのですが、こうやって言われると改めて気づかされるところがあります。

そして、トイレ経由でチェックユニットに。

私の質問は三つ。

最近、独立したはいいのですが、仕事をする場所がなくて、「事務所兼倉庫みたいのがほしいなあ」と思っていたので、それに関することと。

猫君の行方と。

独立したあとに、自分の稼ぎが目標くらいいくのかどうか。

その三つのことについて聞いてみることに。

準備のプロセスが終わると、早速倉庫について聞いてみます。

「ブーメラン」という言葉が出たので、現在考えているコンテナハウスの写真を張り付けて、ブーメランとして投げてみました。

最近、『戦闘妖精　雪風』のDVD見ていたので、ブッカー小佐の趣味がブーメラン作りだったのもあったりして。まあ、わかる人だけのネタですけど。

トレーナーのジョンさんがクリスマスの飴（あのステッキみたいな形の）をブーメランのようにして投げた人の話をしていたのもあります。答えを得ようと、あのステッキみたいな形をした飴を投げたそうです。すると、粉々になって戻ってきて。

そのときは「悪いイメージか！」と思ったらしいのですが。よく考えると質問が大きすぎたので、それをもっと細かくしたら？　というメッセージだったのだろう、と受け取ることにした—

―という内容でして。

必ずしも戻ってきた答えが一見「ネガティブ？」な場合でも、よく見るとそれは前向きに意識を持っていくための答えだったりします。

どんな答えが出ても、とりあえずは前向きにとらえておきましょう、という感じのアドバイスでした。

とにかく、ブーメランを「てやっ！」と投げると、へろへろへろっと小さく目の前を飛んで、戻ってきてポトッと落ちました。

なんだ、この小回り感は？　と思って、もう一回、今度は「事務所、店、倉庫」と書いてぶん投げると、それは遠くの暗闇の中に飛んでいって、そして、ゆっくりと戻ってきました。

なるほど。「戻ってくるってことは、事務所を作ることにはなるのかな」と勝手にいいほうに考えることに。

で、2番目、猫くんの場所ですが、帰ってきたイメージは、装飾のある家、喫茶店のような、コンクリートの上にある、とかそういう感じで、あまり「これ！」というポイントではなかったですね。

リモートビューイングは修行が必要と言いますが、私もまだまだのようです。

そして、三番目の独立後の収入について。

コップが出てきて、そこに注がれる水。それがあふれるくらい入ってきましたので、「まあ、順調と言うことか」と勝手に解釈。

時間が余ったので、四番目の質問を勝手にすることに。四番目の質問は「体脱はできているのか?」というもの。モンローさんとの賭けもありますからね。

ここで質問を野球のボールにします。

そして、暗闇の向こうにいるであろうガイドにその質問を投げつけて、そして帰ってきたものを見る感じで。ちなみに、暗闇の奥にガイドがバットを持って立っているイメージですね。

暗闇からルリカさん(私のガイド、伏見稲荷系の少女です)の気迫が感じられます。で、そーれ、と投げようとしたら、カキーン、カキーンと投げる前からボールがいくつも返ってきて、「ひえー」って感じでした。マンガみたいな展開。

で、それぞれに、「信じろ」「当たり前」「OK」「できてる」「何を今更」とかいろいろなメッセージが書き込まれていました。

まあ、「素直に信じろ!」ということでしょうか。


そしてシェアの時間。

私がブーメランの話をすると、ジョンさんが、「それは、大きく回ってきたことに意味があるかもしれない」と言ってましたが、そのときはその意味がわかりませんでした。

お店がもっとでかくなるのかな?　それともお金がもっとかかるのかな?

とかいろいろ考えられましたが、とりあえず記録しておくことに。

その後のシェアでも、石が見えて、それが本のように分かれて「本を書く」というメッセージのようなことを受け取った人もいました。この方、まだ三十代前半のジュンさん。そのイメージの見え方が、なんともハッキリしていたみたいですね。石の本にそのタイトルとか内容も書いてあったとか。

その話を聞いて、私の最初の本を書いたときの状況に似ていたので、思わずシェアしたくなりましたが、ここでいきなり「実は私、本を書いてまして……」なんて話をしだすと、この場の空気を壊してしまうような気がして。

私も、この問題解決で本について見たことがあります。一冊目が白い表紙の本で、紙に包まれて送られてくるイメージがありました。

それを思い出しまして、私は「あ、この方は本を書くことになるんだろうな」と思いました。

他にも、「意識を広げて」というメッセージを受け取った方もいましたし、皆さんそれぞれいろいろな形でメッセージを受け取ったようですね。

そして、その後にちょっとヒーリング・セッションが急遽入れられました。

それは、日本で強い余震が起こり、それで原子力発電所がまた大変なことになってしまった、という情報をメールで受け取った方がいまして（非物質ではありません）、その方の提案で、坂本さんが、「それでは現地にエネルギーを送ることをしましょう」ということになったのです。

先日に学んだイルカのデックを使ってもいいし、リーボールを使ってもいいし、それぞれで、それぞれのやり方で意識を向けてやりましょうという感じですね。

皆さんの中央には、さっき投げて遊んでいた地球儀のクッションが置かれて、日本の位置を上にして、それで意識を集めます。

私は、イルカの巨大デックを呼び出して、放射能を小魚に変換して、原発から出てくる放射能を、ディックで食べてしまって、拡散しないようなイメージを作っておりました。まあ、そういう感じのイメージが一番いいような気がしましたもので。

あとは、私の場合はヒーリングイメージとしてアースマザー（アースコアにいる存在を、まるの日圭はこう呼んでいます）とのアクセスをしますので、そのやりかたでもヒーリング。

人の意識に対してのヒーリングって感じでもありました。

モンロー研からのエネルギー送信——多少はお役に立てていたら、と思います。


そして、そのままフォーカス12に関する話に。

こんどはワンブレス法のレクチャーと、それによって、自分にとっての「YES」サインを探そう、というものでした。

非物質的にでも、ほかのパターンでも、これから迷ったときに自分の進む方向性に対して「Y

ＥＳ」サインがわかると道を選ぶのが容易になりますよね。

そこで、それを探すことをします。

まず質問文を考えます。この場合は「私にとってのＹＥＳサインを教えて」。

そして、息を吸って、光輪と10と言う文字を吐いて、リーボール作成。

次に、フォーカス12の意識に入って、息を吸う。

最後に、疑問を自分の意識の中心にもってきて、感謝の気持ちで息を吐きます。

すると、わいてきたイメージは「空に答えあり」。虹、彩雲、雲の形、そういうものがＹＥＳのサインだそうです。まあ、私も虹をみたり、彩雲見たときは良い兆しだとは思っていますしね。

でも、空が見えない場合は？　と聞くと、ここでルリカさん初登場。ぐっと親指をつきだして「このイメージが見えるわよ」と言うことで。ルリカさんが出てくるから、という感じのメッセージでした。「別にＹＥＳでなくても出てくるだろうに」と内心思いつつ。

そして、その後は昼食となりまして。またたらふく食ってしまいました。そろそろ、自制せんとなあ。

お昼休みは今回は散策したり、話をしたり。ゆっくりとしているだけで、時間は流れていきます。風景写真ばかり撮ってますけどね。

このとき、すでに同室のタカシ君には私の素性はバレておりました。

今回、私の中のミッションに、

①坂本さんに「私がまるの日です」と挨拶する
②私のサイン本をこっそりモンロー研に置いてくる

というのがありまして、そこで自分の本持っていって置いていたのですが、めざとくその本を見つけられたのです。

「読んでもいいですか?」「あ、どうぞ」と言う感じで。

で、私がしばらくして戻ってくると、「これ書いたのケイさんですか?」ということで、見事にバレたという。

夜中とか、人のいない時間に、こっそりと左ページのような写真とって遊んでましたね。

『誰ヘミ』を探せ！（笑）
何冊見つけられましたか？

暖炉と『誰ヘミ』

飾り棚と『誰ヘミ』

モンローさんの蔵書と『誰ヘミ』

飾り棚と『誰ヘミ』その２

リビングと『誰ヘミ』

モンローさんの蔵書置きの奥には、エクササイズルームがありまして、そこでも、とりあえず全部の機械に乗ってみました。でも、よく考えると「こんな地下室で暗いところで運動するよりも、外の庭を歩いていたほうがよっぽどいいんじゃなかろうか？」ということに気づいて、それ以来使ってませんけどね。

そうこうぶらぶらしていると、すぐに午後のセッションの時間。意外と早く感じます。

午後一のセッションは、なんと、『体外離脱』。

よりによって、一番寝る可能性の高い時間に、なんでこのセッション来るかね！

せっかくモンロー研に来て。「いやあ、寝てました」なんて話にならないように、起きていられるべく意識を集中です。

ブリーフィングによると、「第二の体が回ったり動いたりする」のと「薄い、意識が回る」感じとあるそうで、私の場合は後者は良く体験してますから、今回は是非〝第二の体〟を手に入れたいものです。体外離脱、といってもすべて第二の体で移動する話だけではないみたいですが。

ジョンさんは自分の体に付いている〝魂の尾〟というか、良くある幽体離脱で繋がっているコードを触ったとか、そういう話をされていました。

「そういう体験がしたいのだ！」そう思っていますが。はたしてどうなることやら。

体外離脱は必ずしも振動や耳鳴りが頻発するわけでもなく、意識を家に向けるとそれで見えたりしたら、それはそれで達成しているそうです。振動、金縛り、がある場合も多いし。

「四十年間、モンロー研で体外離脱している人はたくさんいますが、そのまま戻ってこられなくなった人はいないので、安心してください」

とのことでしたね。

金縛りにあっても、しばらくすればそれは収まるので、その途中経過を楽しむのもＯＫ。ただし、体外離脱セッション中にウサギが出て来たりした場合は、そのウサギを退けずにそのまま様子を見てください。そのセッションに関係なくても、それが自分にとってもっと重要な場合もありますから――といった話もしていました。

ま、雑念もその先を見ればありってことですかね。

その時、坂本さんとジョンさん、ゴニョゴニョ英語で話してまして。

「バニーガールは出てこないの？」

「バニーガール？　何それ？」

といった対話が行われていたらしいです（後日ユミさん談）。

バニーガールとは日本の造語のようで。アメリカでは通じないみたいですね。英語でなんて言うんでしょう？

それはさておき、チェックユニットへと移動してセッションに備えます。

レディスイッチをオンにして、電気を消して。

今回はノートもペンも水晶も持たずに、完全体外離脱に備えます。

……………………ｚｚｚｚ。

はっ、ナレーション！

……………ｚｚｚｚ。

はっ、煙？

…………ｚｚｚｚｚｚｚｚｚｚ。

はっ？　もう帰還？　体脱は？　第二の体は？

まあ、こんなもんでしょう。

私のノートには、毎回体験したことのメモや、それをまとめた文章がブリーフィング内容を書いた横に書いてあるのですが、この時は、ブリーフィングの内容ページの隣はいきなり次のセッションのブリーフィング内容になっています。

つまり、「寝ていた」ってことですね。目をつぶっているのに、目の前が明るく感じて。最初の丸太ころころのところは、「オーいい感じ」いつも途中で引っ掛かっていたのに、真後ろまで回っている感じがしました。でもそれくらい。

その後は起きあがるところあたりで意識不明ですかね。

なぜに、このセッションが午後にあるのだ！

という感じでした。

「これも運命か」

まあ、確かにジョンさんの言われていた体外離脱の一種には、私の体験も入りますからね。

でも、〝第二の体〟をもっと体験してみたいなあ、と思うところです。

ま、最低でもあと六十年くらいしたら私でも（誰でも）体験はできるんですけどね。

その前に一度くらい体験したいものです。

さて、ブリーフィングでも「寝てました」しか言えませんでしたが。


続いて、『フォーカス12　フリーフロー』ですね。

フリーフローなので、自分に今必要なことを体験できるよう意図します。

自分に今必要なことは何か？　とか、三つの問いをやってみるとか、もしくはさっきやった体外離脱とか、個人的に発展するための体験を導きだすようにするとか……まあ、いろいろとやれることはありますすね。私としてはやはり「リベンジ！　体外離脱」でしょうか。

トイレ経由でチェックユニットに行き、準備のプロセスを終えていると、なぜかぞろぞろ巨大水晶の周りに人が集まっている様子が見えました。日本人が多数なので、「あ、これはミクシィ上で行っている共同探索で来た人たちだな」と感じました。二〜三十人くらいはひしめいてましたね。

実は、モンロー研に行く前にミクシィ上で、

「意識を向ければそちらに行けますので。私を想像して、非物質的に皆さんもモンロー研に遊びに来てみませんか？」

と募集をかけていたのでした。

なので、今回は非物質的に参加されていた方も結構いたんじゃないですかね。


そして、水晶にはまたハニカムパターンがあらわれました。このパターンは何を示しているのでしょうか。人の無意識を表現していると聞いたことがありますが、確かに私のI《アイ》／T《ゼア》的視点だとそういうふうに見えるかもしれませんね。


そして、本番の体外離脱。

くるくる回転してみると、結構良い感じ。さっきのセッションよりもスムーズです。

そして、気がつくと自分は寝ているのに、壁を背にして座っているのを感じます。

体に振動もあって。

壁に手突っ込むとどうなんかな、とも思いましたが。そこまでの触感はない様子。

微妙ながら、一応体外離脱っぽいことは出来たような気がします。

そして、今回、フリーフロースタート時に「ハートに意識を向けると良い」というメッセージが降りてきたので、実際にハートで意識を感じると、体の振動も感じることができました。

「なるほど、体験を導くにはハートが重要なのか」と今回、改めてハートの重要性に気がついた次第です。

ところで、フォーカス12のフリーフローは、途中で「プワーン」という音が入りますが、そのせいで、せっかく壁際に座っている感じから上に移動しようとしていたのに、こちらに意識が戻されてしまいまして。惜しい。音で戻されるとは、まだまだ修行が足りないのかもしれません。

そして、そのまま夕食の時間に。ちょっとここで、モンロー研の食事について。

昼食と夕食には、ベビーリーフ、生のブロッコリー、生のカリフラワー、生のマッシュルーム、オリーブの実、パプリカ、スプラウト野菜、玉ねぎ……などなどのサラダバーが付いてきました。野菜はおいしいですね。生のブロッコリーとマッシュルームにはびっくりしましたが、問題なくおいしいです。ドレッシングと、カッテージチーズのようなものが付いていて、それをかけるとまたおいしいものです。

なのに、朝食にはなぜかサラダないんですよね。なんででしょう?

朝食は毎回同じような雰囲気でしたかね。オートミール系のなんかどろっとしたモノがたいていありました。日本人には食べ方がわからないものですね。塩かけてみたり。ドライフルーツ混ぜてみたり。新たな食の探求はしていましたけどね。映画マトリクスに出てくる、リアル世界で食べる食事みたいな感じですかね。

他にはシリアルが何種類かあったのですが、そこには「ライスミルク」とか、日本では見かけないモノが多数。とりあえず食べてみましたけどね。豆乳とか牛乳を期待するとちょっと薄味な感じですが、「まあ、これはアリかなあ」という感じ。

ベーグルとかパンも数種類あって、結構バラエティに富んでいます。下手なホテルの朝食バイキングよりもよっぽどおいしいです。

朝昼晩、どの食事も肉料理、野菜料理、と毎回出てきておりまして、ベジタリアンな方にも、普通の人にも問題ない食事にはなってますかね。

モンロー研はスピリチュアルセミナーを行う施設なので、なんとなく〝禁欲的〟なイメージで見られがちですが、肉料理もコーヒーもばんばん出ますし、煙草も喫煙所ではばんばん吸えますし、自由な感じでいいと思います。


ホームメイド感覚たっぷりのデザートも良い感じでした。甘いですけどね。ラズベリーパイとかも出てきたので、「こ、これがトム&ジェリーに出てくるやつか！」ととりあえず食ってみましたが、種が歯に詰まる詰まる。味はおいしいのですけど。

あとはチョコケーキとか巨大カントリーマ○ムのようなアメリカンなデザートがいけてます。甘いですけどね。でも、脳を使うヘミシンクには良いかもしれません。

飲み物も、フルーツジュースからノンカフェインコーヒーとか箱で何種類も置いてあるハーブティーとか、もちろん、普通のコーヒーもあります。ハーブティーはどれがどれだかよくわからないまま飲んでたりしましたけどね。ミント系はすぐわかりますけど。頭が冴えそうな感じ。

最初、飲み物はノンカフェインを選んで飲んでいたところ、坂本さんが「カフェイン抜くために、結構薬品とか使っているらしいんだよね。どっちが体に悪いんだろう」と何気に言っていたので、すぐに普通のコーヒーに変更。結局、ノンカフェインコーヒーは最初の一杯だけでしたね。

しかし、皆さんコーヒーを良く飲んでましたので、「ヘミシンクにコーヒーがいかん！」ということはないようです。ただ、個人差がありますので、カフェインに弱い人はおススメしませんけど。

私は日常的にも紅茶、コーヒーは一日何杯飲んでも夜はぐっすり寝るくらい、カフェインに耐性というか、カフェイン中毒気味になっているので、いくらコーヒーを飲んでも体験に何も影響はありませんでした。

あと、私は朝一に良くココアを頂いていました。前日に余ったコーヒーがポットに入っているので、それでココアを入れるとおいしいのです。こういう飲み方している人はあまりいないような感じでしたけど。

でも実際食って寝て、体動かすのは昼休みか朝夕の食後くらいしかないので。節制しないとみるみる太りそうですけどね。

カロリー高そうなもの食べて。朝から晩までチェックユニットで寝ころんで。

これが太らない訳がない！

モンロー研行くときは、注意して節制しましょう。

七面鳥の肉とか、ビーフとか、おいしいものたくさん出てきますからね。

〝あやしい日本食風のもの〟も出るという噂でしたが、幸か不幸かそういうものは出てきませんでした。タコスとかそういうものは出てきましたね。おいしい食事でした。

ただ、麺類が出てこなかったのでそこが麺好きな私にはちょい物足りない感じでしたが。せめてパスタ欲しかった。


さて、夕食後には、必ずＤＶＤを見たり、音源を聞いたり……といったイブニングワークがあります。イブニングワークは、毎回内容の違うものが用意されているようなので、その部分はぜひご自分で行って、体験してみてください（ここではナイショですよ）。

その後、最後のセッションをしてから眠りに付く感じですかね。

で、この日、寝るときに流れたのはフォーカス12のフリーフロー。

ナレーションで目が覚めて、起きて、トイレに行って、寝て……昨日と同じパターンで過ごしてました。

第五章　フォーカス15

さて、前日に『三つの問い』でブーメランの話があったことを書きましたが、その時、「大きく回って来たことに意味があるのかも」とトレーナーのジョンさんが言っていたこと、その意味が夜にわかったのです。

二日目の夜、すべてが終わってからシャワーを浴びて、毎日の日課、ｉｐｏｄでミクシィ日記を書いていると、妻からメールがありました。

何事かと思ってみると、予定していた倉庫件事務所よりもお金のかかりそうな店舗兼事務所が建つ方向に動きそうな気配であるといった内容でした。

「しまった、これか！」

小さく（安く）まとめようと思うと、ブーメランはすぐに戻ってきて落ちました。

しかし、大きく（高価に）しようと投げると、勢いよく飛んで戻ってきました。

つまり、「現在考えているものよりも、大きなものを考えるように」というメッセージだったのでしょう。しかし、そのメール見てからちょっとブルーな気分に。

「また借金か～」

でも、まだこれと決まったわけではありません。

とりあえずブーメランの意味はわかったので、それを自分なりにどう判断するか、ですね。

本館リビングにて。テーブルの向かって右側にあるのがモンロー研マーク入りのカップ。

そもそも、お金借りられないから、小さくまとめようと思っていたのに。

この件はどうなることやら。

このように、モンロー研滞在中に家のほうでは大変な事態が起こっていたのですが、「ここで悩んでもわからん」ということで、あとは妻の裁量にお任せして、この意識を変換ボックスに入れておきました。

しかし、微妙な不安感を抱えたまま、この日のワークに繋がっていきます。

この日の早朝はちょっと天気が良かったので、外に出て写真をとるかと思いましたが、なんとなく皆さんの集まる居間に移動。

テーブル上のモンロー研マーク入りのカップ。これ欲しかったんですけどね。

お店で売ってなかったです。品切れなのか。

すると、しばらくして外は豪雨。雨降るし。雷鳴るし。

すさまじい雨で外に出るどころではありませんでしたね。

朝起きたときは、ちょっと曇りくらいでしたので「さて、朝から毎日の儀式、クリスタルチャージに行くかな」と思っていたのですが、居間に行って、ココアなんぞをたしなんで朝の会話をしている間に天候が変化して、一気に雷雨。

まあ、モンロー研の気候は阿蘇みたいだとタイさんは言われてましたが、まさにそんな感じ。

朝から雷ですねぇ、なんて話をしたりして。

初日は寒かったので部屋に暖房入れて。

次の日は暖かいので午後は暖房切って。

次の日は暑かったので冷房入ってましたし。

また雷雨なので、この日は寒くなりました。

寒くなったり暑くなったり。

まさに高原の気候ですねぇ。

でも、後日このあたりの標高を聞くと二〇〇〇メートルくらいだとか。私の住んでいるところの半分じゃん！　私の自宅は標高四〇〇〇メートルくらい軽くありますから。大陸はやはり気候が違うのでしょうか？

結局、このまま部屋の中で話をして、朝食に移動となります。

この日もシリアルにライスミルクかけて食べてみました。微妙な味ながら、なぜか癖になりますね。

その後のブリーフィングで、「今日はフォーカス15を行います」とのこと。

しかし、「こういう感じなんですよ」という説明なしで、いきなりフォーカス15を体験してもらう感じでした。そこで体験すること、感じることを大切に、ということのようです。

フォーカス10や12との違いを感じて、自分でフォーカス15の感覚をつかむ感じでしょうか。

ということで、さっそくチェックユニットに入ります。ここから、また新しい時空の旅が始まるのです。モンロー研で体験するフォーカス15とは、いったいどのようなものなのか？　興味津々です。

実は、私はフォーカス15が苦手でして。ぼんやりしていると、ただの「くらーくて、静かな空間だな」で終わってしまうのです。ですから、フォーカス15の時は、意図を設定しないと、私の場合はうまく行かないのです。

ですが、今回はあえて「変化を楽しむ」との意図で、何も意図せずに聞いてみました。

フォーカス10、12、15と行って、また戻ってきて、そして15に行って、そういう感じでフォーカスレベルの違いを感じるものでした。

今回も、皆さんに「良い体験がそれぞれにできますように」というエネルギーを送りました。その手順は、前にリーボールを作ったときにやったやり方と同じで、リーボールを接続して、それぞれにエネルギーを送る感じですね。もし自分が体験できなくても、ほかの方にエネルギーを送れば、それだけかえってくる――そういう循環を行うことに。

一回目のフォーカス15は「暗いなあ、静かだなあ」という感想でした。明らかに、フォーカス10のリラックス感、12の広がり感、それらと違う感触です。

そこで、一度フォーカスレベルを戻って、再びフォーカス15にあがってきました。

そこで見えたのは、モンローさんがナンシーさんと家の居間でくつろいでいる様子とか、「いやあ、今年は雪が多いなあ」と言いながら、キャビンの雪かきをしている様子といったシーンでした。実は、「モンローさんがここで過ごしていた様子」を見たいなあ、と思っていたので、ちらっと見せてもらえたのかもしれません。

その後、シェアの時間となります。

メンバーの中には、愛のエネルギーを強く感じた方もいたようです。

思うに、フォーカス15というのは、受動的にいると、静かで愛のエネルギーやハートのエネルギーを受け取る場であり、アクティブに意識すると、過去生や未来生、そして、クリエイティブなエネルギーを得ることのできる空間のようです。

それ以外にも、具現化、未来を設定するといった意図も実現できるみたいですね。

ここで坂本さんが、お坊さんがモンロー研にやってきた時の話をされました。あの有名なエピソードですね。

スーツを着た九十代の僧侶と七十代の僧侶がやってきて、ゲートウェイを体験されたときのこと。

フォーカス10や12ではそれほど反応もなく、「まあ、これくらいはアリでしょう」と落ち着いていたのですが、フォーカス15を受けた後にネクタイも服装も乱れてシェアルームにやってきて、

「何年も修行しなければ到達できない意識状態に、こんなに簡単にいけるとは。アメリカ人はすごいもの作った！」

と言われたという話です。

つまり、フォーカス15というのは推測すると、仏教で言うところの〝空〟の意識状態でしょうか。「なんか、暗いし、静かだし。なんもおこらんなあ」なんて言っ

てると、フォーカス15に失礼な気がしてきました。

それはさておき、〝空〟もしくは〝無〟という意識状態は、確かに現実世界では難しいのかもしれませんね。そういう状態を、ＣＤ聞くだけで体験できてしまう――便利な世の中になったものです。


そして、次はその神髄を味わうフォーカス15のフリーフローです。

ブリーフィングでも言われていましたが、目的を持たないとやはり楽しめないそうでして、「無を楽しむ」「探索を行う」「未来、過去を見る」などの設定が自分なりに必要ですね。

自分に関する質問もＯＫのようです。例えば、ある特定の年代を見たい場合は、エネルギーバーツール的なものをエレベーターに変化させて、そこに年代を書いたボタンを設定。それを押すと、その時代にいける……そんなイメージで行うこともＯＫ。

他にも、リーボールにのって移動したり、イルカを使って時空を旅したり、パチンコみたいにリーボールの玉に入って、ゴムをエネルギーバーツールで作って、びよーんと弾かれてみたり……などなどいろいろな行き方を試していいみたいです。

もちろん、特に明確な意図を持ってその時空に行くだけでなく、ただこの空間で癒されるだけもありのようです。

そこで私は、「フォーカス15が空とか、時間のない空間であるのなら、ならば時間の生まれる瞬間が存在するはず。その時を見せてほしい」という意図を設定しました。これは〝この宇宙の生まれた瞬間〟と言い換えられるかもしれません。そういうところを見てみたいと。少し設定が大きいので、「大丈夫かいな」とも思いましたが。

まず、巨大イルカを召喚しまして、その背中にのって連れて行ってもらいます。〝イルカに乗った中年〟です。イルカの背中にはなぜか〝黄金の羅針盤〟が置いてあって、それに従って時空を旅するようです。

さて、タイムマシーンイルカ（？）に乗って、〝無〟の空間へと移動します。〝無〟なのに、空間とか移動とか言うのも変な話ですが。

ここから文章で表現するのが難しい、概念的なイメージになってきます。

最初、〝別の宇宙の記憶〟から始まりました。

その記憶が〝情報〟となって〝無〟の状態へとやってってきます。

〝情報〟は圧縮され、一つの〝点〟となりそこに存在していました。

しかし、情報は圧縮されていると抜け出す〝道〟を探し始めます。

それは〝点〟の上と下から〝情報〟を吹き出しはじめ。

そのうち、点が四つに分裂し、振動を始めました。

そこには場のバランスが崩れた〝揺らぎ〟が現れ始めました。

それは〝点〟を取り囲み、上からの流れと、下からの流れと。

〝揺らぎ〟が情報を取り囲み。

回転が始まり、〝点〟が加速していきます。

加速して、回転して。

そこに〝揺らぎ〟の殻がおおい被さり。

回転のエネルギーと揺らぎの圧縮。そして情報の放出。

〝点〟より吹き出した〝情報〟でできあがった〝揺らぎ〟の殻。

その中心で回転、振動する〝点〟。

〝点〟と〝揺らぎ〟の間で情報のエネルギー的摩擦がおこり。

蓄積するエネルギー。

そして、〝点〟と〝揺らぎ〟の間のエネルギーが満ちた時、〝情報〟を一気に解放しました。

情報でできた殻である、〝揺らぎ〟は空間を作り。

膨大な量の〝情報〟は時間を作り。

エネルギーは物質を作り始めました。

広がる空間と、時間、それとともに発生する物質たち。

物質は時間とともに空間を埋めていき、光る星が生まれました。

そこから銀河が発生し、惑星が発生し。

地球が生まれ、生物が発生し。

時間と空間ができて、そこから生物が現在のようになるまでの。

そんな風景を見せてもらった感じです。

空間が生まれるまでがものすごく時間が長く感じて。

その後、生物が今に至るまではものすごく短い時間でした。


つまり、今の時間で考えると、宇宙が生まれるまでの時間がとても長くかかって、現在のように時間と空間ができてからはそれに比べると、一気にできあがった感じのようでした。宇宙とは、生まれる前のほうが、無限ともいえる時間を必要としていたのかな、とも思いますし。そもそも時間という感覚がないので、一瞬なのかもしれない、とも思いますし。

まあ、なんか貴重な体験させてもらいました。

フォーカス15で体験する時空の旅——今度はもう少しビジュアル的にわかりやすいパターンでお願いしようかと思います。


その後、モンロー研究所所長のスキップ・アドウォーターさんが来られまして、ヘミシンクの話や技術的な話をされました。

実際に現場で話を聞くと、いろいろな人がヘミシンクに関して〝誤解〟している部分があるのだな……と感じました。特に、ヘミシンク技術に対して、何らかの脅威を感じている方、不安を感じている方は、ぜひ実際にモンロー研に来て、話を聞くことをおススメしたいです。ちょっと遠いですけれど。

私としては、今回のモンロー研体験でヘミシンク技術に対しての理解が進み、他の方がどう言おうと「やっぱヘミシンクっていいよね」と断言できます。さすが、モンローさん。

ただ、このあたりの話は、実際に直接（本当は英語で）スキップさんから聞いていただくのが一番いいと思いますので、私としては触り程度を書くことにします。文章だと誤解を生む可能性もありますから。

そもそも、ヘミシンクとはどういうものなのか。スキップさんの話によると、「五感から解放されることにより、自分の内面に意識を向けられるようになる」「意図を持った上での自分の探索」「新しい領域に入る知覚のやり方を学ぶ」――これらを可能にするツールであると。

ヘミシンクの音についても、細かい説明をしていただきました。例えば、ヘミシンクの音は確かにパワフルだけど、それだけがすべてではなく、一枚のＣＤに、単に脳波を〝四ヘルツ〟とか〝六ヘルツ〟にするためのバイノーラルビートだけが入っているわけではなくて、脳波の状態を徐々に変化させたり、ある特定の脳波、たとえばイルカのデックＣＤの場合がそうですが、有名なヒーラーの脳波と同じ状態になるように音が設定されているので、そうなるようにいろいろな音がミックスされているとのこと。つまり、ただのバイノーラルＣＤではなくて、トータルで脳

波をそういう環境にもっていき、そういう環境を提供する技術といえるようです。

だから、CDを改造して聞くとその効果が失せたり、脳波がその状態で固定されて上手くこちらに戻りにくくなったりといったことも考えられますね。

このように、きちんと計算されて音が作られているので、例えばまだグランディング能力に不安のあるという方は、最後までちゃんと帰還音を聞いたほうがいいですよ。

夏のプールの授業と同じようなものですね。最初に体をほぐして、シャワーを浴びて、水に慣れてからやっとプールに入る。上がるときもシャワーを浴びたり体を動かしたり……といった手順を踏んで、安全に水の中という日常と違う空間を楽しむのがプールの授業です。

それと同じように、安全に意識の五感を超えた世界を探索するのに即した手順で導いてくれるのがヘミシンク音を使ったCDとなるようです。

スキップさんは、音楽に合わせて体を動かしてダンスするようなものという例えをしていました。

ダンスする音楽と空間は提供されますが、そこで踊るかどうかはその人次第ということのようです。ですから、ヘミシンクには一切力ずくなものはなく、体験を無理強いさせることもありません。それだけに、寝てしまう場合も多い……と。

寝てしまわないためには、意図を持つことが大切ということです。

そして、その後はスキップさんへの質問タイムとなりました。さっそく誰かが質問。

参加者：「ゲートウェイのフォーカス21以上のCDが出る予定は？」

所　長：「ありません」

がーん。

やっぱりフォーカス27以上（ゴーイングホームは27ですが）は「続きはモンロー研で！」ってことでしょうか。

私は、「ヘミシンクは意図を持たないと効果がない」というようなことを言われたので、それに関する質問をしました。

「自閉症の方とかは自分で『この病気を治そう！』という意図はないと思うのですが、メタミュージック等で何らかの効果が報告されているのは、意図を持たなくても効果があると言うことでしょうか？」

ちょうど『全脳革命』を読んだばかりでしたので、それに関する内容です。実際、身近に自閉症のお子さんを持つ方もいますので。

ただ、ちょっと回りくどい言い方だったので最初伝わりにくかったみたいでした。そこで、言い直したところ、ああ、という感じで答えていただきました。

「瞑想などを行う場合は意図が重要になってくるけど、メタミュージック等の場合は、その音の環境に浸ることで意図は必要ない」とのことです。あと、「周囲の人の意図が働く可能性もあり得る」とも。メタミュージックは、その音を流しているだけで、その空間に何らかの効果を起こす可能性があるようですね。

結論としては、瞑想系のものは意図を持って聞き、メタミュージックなどはのんびりと流して聞く――そんな感じでしょうか。

その後、スキップさんを囲んでの昼食、そして施設見学へと繋がっていきます。

やはり、現場で話を聞いて、そこで体験するというのは大切なことですね。

ヘミシンク技術に対する信頼感を、私は強く持つことができました。

体外離脱のソファー

あ、そういえば、スキップさんの写真を撮っていないことに気が付きました。まあ、実際に行ってどんな人か確かめてくださいませ。サプライズということで。

さて、昼食時に「食事中もスキップさんに質問だ！」と意気込んでいたのですが、最後に食堂に入ったので、一緒のテーブルに付きそこなってしまいまして。

結局、一緒のテーブルに付いたときには、スキップさんが去ったあとだった……と。

やれやれ。なんか、今回はいろいろとタイミングを逃す感じしますね。

まあ、次の見学会のときに質問できればいいかなとも思ってましたが。

食後は、カメムシ君の住処になってしまったキャビンの奥にある、三角屋根のピラミッド状の建物へと向かいます。

そこは、『ゲートウェイ・ヴォエッジ』を受講後に受けられる『ガイドライン』を受けるときに入れる建物なんですよ。

しかし、この『ガイドライン』、残念ながら英語でしか行われていないので、英語に自信のある方は是非参加されてみてください。是非モンロー研のサイト（http://www.monroeinstitute.org/）にアクセスです。

キャビン奥にあるピラミッド状の建物。屋根のてっぺんに水晶がついているのがわかるでしょうか？

この建物で行われる『ガイドライン』の概要は、一人ずつ中にあるウォーターベッドに横になり、横のモニタールームでその状態を見ながら適切な音の組合せを作って、一人ひとり用のCDが完成するというプログラムのようです。

で、その禁断のコントロールルームとピラミッド内に入って行きますが、入ってすぐに見えてきたのは、クリスタルの乗ったテーブルと、奥にある古びたソファー。

右側にはちょっと古い機材も並んでいて。奥にはPCとかモニターのようなものがいろいろあったり、ミキサーのようなものもあったり。ここで、ピラミッド内で寝ている人とコンタクトを取りながら、適切なタイミングで調整した音を作り、聞けるらしいです。

そして、なんとここでモンローさんは三冊目の本を書いていたそうです。老眼鏡をかけたくないモンローさんは、でかい画面をここにおいて、キーボードで本を書いていたのだとか。

そして、なんとこの赤いソファーは、モンローさんが実際に体外離脱に使っていたものだそうです。

「こ、これがモンローさん愛用のソファーか！」

ちょっと恐れ多くて「ちょっと横になってみよう」という感じにはなれませんでしたが、ふと気付くと、そこには！


ちなみに、もちろんこの人はモンローさんではありません。なんと、トレーナーのジョンさん。あっさり横になってましたね。

ジョンさんを見ると、

「やっぱへミシンクすると、毛髪が………」

という疑惑が。

しかし、スキップさんもふさふさの白髪でしたし、坂本さんも大丈夫なので、いいイメージをすることにします。

ピラミッド内部に入ると、まず見えてきたのは「あ、こんなところに！」というもの。

森田健さんがローリーさんに差し上げたというポスターがここに貼ってあります。以前はナンシー・ペン・センターにあったらしいのですが、現在はピラミッド内に移動したみたいですね。

ここが禁断の（?）コントロールルーム。『ガイドライン』を受講できるようになる日が楽しみですね。

恐れ多くも（?）モンローさんが体脱したというソファーに横たわるトレーナーのジョン・コータムさん。

「こ、これも本で見たことあるぞ！」

というのが見られて、とても得した気分。

そして、天井にはクリスタルが針金で縛られていまして、「なんか、もう少しスマートなやり方はないもんかね？」と思ってしまいましたが。

ウォーターベットは、乗るとぶわんぶわんしていて、体の感覚がおかしくなりそうなくらいです。でも、チェックユニットとしては最高の場所だと思います。屋根に水晶刺さっているし、梁の上にも水晶が置いてありましたし。それに、なぜか奥に鏡が張ってありましたね。しかも、コンセントまで鏡張り。

このこだわりがありながら、なぜに水晶は針金でぐるぐる巻きなのだ？　とちょっと謎が残りました。縛ったほうが、水晶もなんか出るんですかね？


そして、帰るときに扉の裏をみると、モンローさんの土地の地図が。

中央の斜線のところがレイク・ミラノンです。結構でかかったんですね。

右上にナンシー・ペン・センター。左下にロバート・マウンテン・リトリーツ。

地図を見ると、モンローさんの買った土地は広かったんだなあ、と思わせられます。

途中、山の中にもいくつか家も建っていて、『モンロー伝』で読んだコミュニティ設立を試みた話を思い出したりして。

ウォーターベッド。ちょっと暗くてわかりにくいかも知れませんが、横になるだけで体験ができそうな感覚を味わえます。

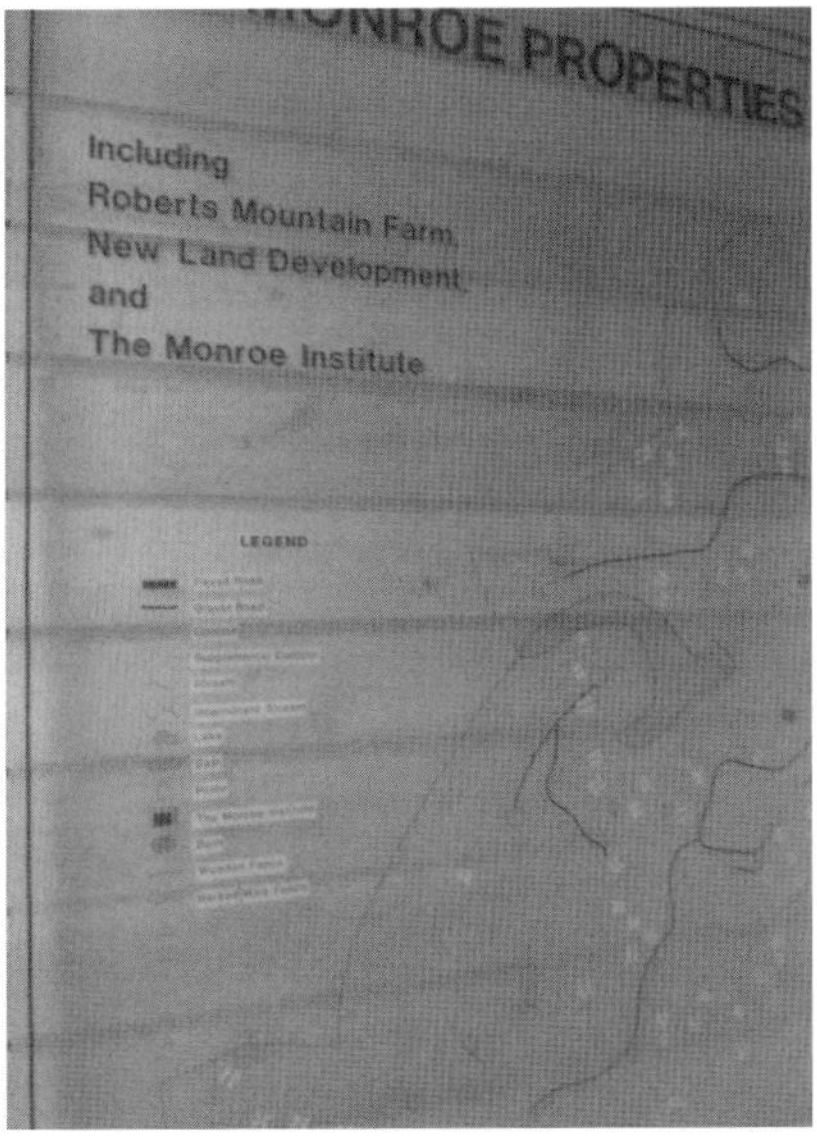

左：モンローさんの土地の地図

キャビン内部の見取り図

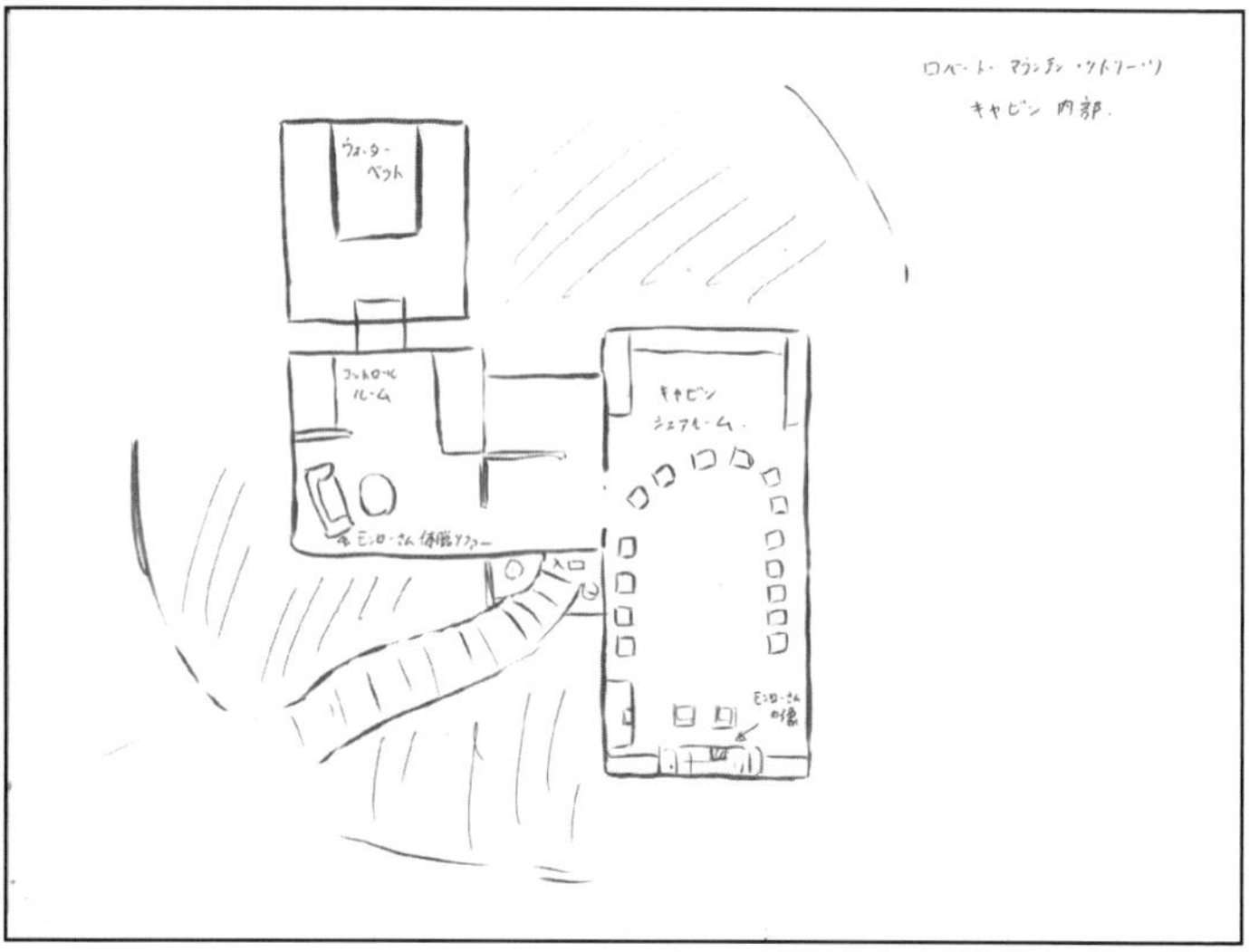

ついでにロバート・マウンテン・リトリーツ全体の見取り図

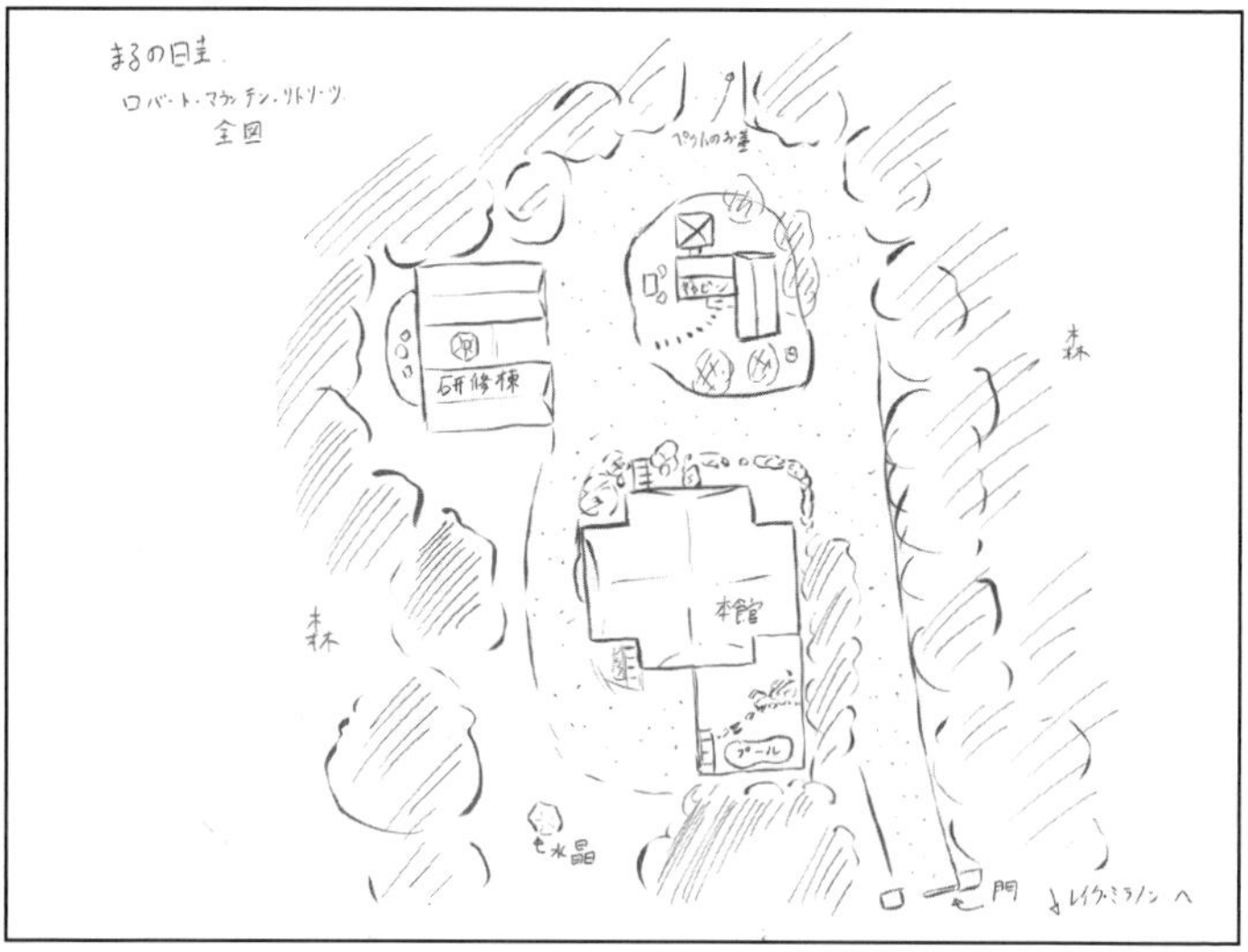

「そういえば、以前勤めていた会社の社長も同じようなことをしようとしていたなあ」と思い出しました。一山買って、「田舎暮らしが好きな人に分譲する」と頂上に社長、専務たち身内の家を建て、分譲できるくらいまで整地していたのですが、結局「どんな人間が住むかわからないからやめた」といって、その計画がとん挫したということがあったそうです。

なんか、実業家の人は同じ思考に行きつくのかな、と思わせられます。

滝、コミュニティ、あとは塔ですね。

これらをシンボルとしてみると、なかなかに深層心理学的に面白いような気もします。

話が反れましたが、まあ、この日はこんな感じで。

モンローさんの本を書いていた場所とか、体脱をしていた実際のソファーとか見られて「来て良かったなあ」としみじみ思ったところです。他の人はどうかわかりませんけどね。

そして、昼休みは主に居間で話しこんでいました。

さすがにエクササイズルームに入って運動する気にはなれませんでした。あそこ暗いし。

昼休みは、どうやら三~四時間くらいあるみたいでして、そこの過ごし方は人それぞれ。

最初のうちは、時差ボケで「眠くて眠くて」と言う方も何人かいましたし、同室のタカシ君も寝ていましたが、この日くらいから、だんだんと昼も起きてくる人が増えてきました。

私はというと、モンロー研に行く前にタイさんから「時差ボケになるから、最初の二、三日は昼に一時間でも寝ていたほうがいい」とアドバイスを受けていたのですが、結局寝てませんでした。実際、私はそれほど時差ボケという感じではなかったですね。夜はぐっすり寝ましたし、昼もセッション中は寝ましたけど、あとはそれほど眠くもなかったですし。

これは行きの飛行機で『キャットナッパー』を聞いていたおかげかもと密かに思っております。まあ、夜眠れるから問題なかったんでしょうけどね。それとも、それほど繊細な神経していないだけか。

ともかく、初海外旅行の割には、時差ボケを感じませんでしたね。

さて、午後のワークの一番最初は、フォーカス10、12、15と行く途中で無音になるセッションでした。つまり、「ヘミシンクの音の補助ナシに、フォーカス10、12、15を体験してもらう」というセッション。

最初はヘミシンク音のうなりが聞こえているのですが、途中から無音になって、そしてまた音が聞こえてきて、次はフォーカス12へ——とそんな感じです。

つまり、ここですでに〝ノンヘミ〟練習をさせられるわけです。

ちなみに、私はこれまで、午後一のセッションはほぼ一〇〇％寝ています。なので、今回はチェックユニット内に座って、ヘッドフォンをして、寝ないようにとしっかりと起きた状態で聞き始めました……………。

ブリーフィングルームに向かいます。

そういえば、私は毎回チェックユニットから出るときは、ターキージャーキーを食べてグランディングしておりました。

起きて、ジャーキー食って、水飲んで、そしてブリーフィングルームへ——という感じですね。

そして、体験のシェアですが、私のノートには、ただ二言。


「ねた、ねた」


これがすべてを物語っています。

「ブーメランの意味は？」とか「猫君の行方は？」とかイメージしようとしていたのに。

座って聞いていたのに。

意識がほとんど途切れてました。残念。

世の中は無情なものです。

しかし、タイさんの一冊目の本を読むと、ほとんど寝てたようなことが書いてありましたので、
そういう体験もアリなのでしょう。

そして、次のセッションはマインド・フードにある『ザ・ビジット』日本語版です。セッション前に注意事項がありました。

まず、このCDは想像力を鍛えるのにはとてもいいです。もしナレーション通りのイメージが感じられない場合は、「そうなっているつもり」で進めていくと良い、とのことです。

ただ、「海の音が南の海っぽくない」とか「足音とかナレーションが微妙」とか「『穴がある』とナレーションにあるのは洞窟であって、地面に空いた穴ではありません」などのように、いろんな見方をする人がいるのですが、とりあえずナレーションの通りにイメージしてそれで進んで下さい、とのことでした。

実際に、「穴があいていて、そこから水が流れています」というナレーションを聞いて、〝地面に空いている穴〟をイメージする人もいたらしいですね。確かに、穴ときいたら洞窟とは限らないですね。いろんなイメージの仕方があるものです。

実は、私にとってこのCDは、「やたら歩くので、疲れるなあ」という印象があり、あまり聞いてないCDでした。なので、眠い午後にこの疲れるCDを聞いたら、また寝るんじゃないかと思い、今度も壁に寄り掛かって聞くことに。

で、体験したのは……。

海が………zzzzz。

はっ！　寝てた。

草地の向こうの丘が…………ｚｚｚｚｚｚ。

「ケイさーん！」


その声ではっと目が覚めました。

もちろん、実際にチェックユニットに誰かが入ってきて声をかけたわけではありません。まだ意識はザ・ビジットの世界の中です。

むこうにある丘の上で、手を振る女性の姿が。私が遅れているのを見かねて、呼んでくれたようです。

走って追いつくと、そこにいたのはユミさん。私はそこでなんとか意識を取り戻し、洞窟へと入っていきます。

しかし中で力尽きてクリックアウト。そして、はっと気がつくと、すでに外に出てました。

「なんだ、何も会ってないじゃん‼」

しかし、ものすごく穏やかで、とても安心できる気持ちになっておりました。

事務所の件とか、そのほかの業務とか、今後の自分の人生の展開とか……そういう課題を持ってきていた今回のモンロー研行きでしたが、この『ザ・ビジット』を聞くことで、すべての不安から解放されたようなそんな気がしました。

何の体験もしてないですが、ものすごく癒されて、ものすごく安心させられた――そんな感じですね。

ただ、「ケイさーん」という声で、非物質状態で他の人から起こされた体験は初めてでして、とても貴重な体験をさせていただきました。

そして、シェアの時間です。

この時、面白いのが、そのユミさん。

なんと、セッション中に、ユミさんの前を私が歩いていたそうです。つまり、同行していたわけですね。そして、起こされてから洞窟までは一緒に歩いていたそうです。

ユミさんは洞窟の奥で誰も座っていないテーブルとイスを見て、しかし、それでもとても安心する気持ちをもらったとか。

私の体験と似ています。洞窟の奥には誰もいなかった、もしくは会えなかった、そして、互いを認識している……面白いなあ、と思いました。

やはり、何度かワークなどでご一緒すると、意識のパイプが繋がりやすくなるのかもしれませんね。私は半分寝ていたのでもったいなかったですが。

同じ道を歩いて洞窟に行き、同じような体験をして帰ってくる。非物質的な、人間の意識はどこかで繋がっているのだなあ、ということを改めて体験した次第です。

そして、この日くらいから徐々に皆さんのリズムというか、状態が変化してきた感じがしました。坂本さんも、ブリーフィングの時に「何か、不安定になっている人とかいませんか?」と言われていましたし。

モンロー研に来て体験を進めていくと、今までの生活との違い、知覚の拡大によって多少バランスの崩れてくる場合もあるみたいです。

でも今回参加の皆さんは、比較的精神的には安定されている感じでしたね。しかし、そういった状態の変化は、別の形でいろいろと現れていたように思います。

まず、おなかを壊してくる人がジワリと出てきておりました。

ちなみに、私がモンロー研で一番つらかったのが、トイレでして。というのも、シャワートイレでないのですよ。

「尻が痛いよ〜」

なぜか、この日からトイレに行く回数が格段に増えてしまい、日ごろからぬくぬくと過ごしている軟弱な粘膜が、アメリカンなトイレットペーパーに負けてしまったのです。

なので、「ちょっとおなかを休めるために、食事を軽くしよう」ということで、トイレに行く回数を減らすため、食事量をこの日から減らすようにしました。

私はこれくらいで済んでましたが、実際におなかを壊してしまった人が多数いました。ただ壊していない人もいましたので、慣れない食生活や水が原因というわけでもないようです。

私は、何らかの浄化というか、環境の変化とかそういういろいろな要素がからんで、このような体調の不良にもなってきたのかな、と思っていました。特に浄化的な意味合いは深かった気がしますね。そして、その日が雷雨であったことも、何かの意味がある気がします。

実際、おなかを壊してブリーフィングルームに来れなかった方もいました。

いろいろな変化が表れてきた――そんな四日目だったような気がします。


そして、この日は、夕食後にブリーフィングルームにて、なんとあの有名な『パトリック事件』の生音源を聞くことに！

臨場感がとてもあり、これは一度、現地で聞くことをおススメしたいところです。もう、これを聞けただけで私は「大金はたいて、モンロー研に来て良かったなあ」と思えたくらいですので。

意外とモンローさん、淡々と問いかけていたのでそこが私的には面白かったというか、リアルな感じがして良かったです。

この話、モンローさんの著書にも書いてありますので、興味のある方はぜひお読みください。

私も何度か文章で読んではいましたが、文章で読むと、それほど大したことなさそうに感じるのに、実際に音を聞くと、その臨場感と緊迫感が伝わってきて、迫力ありましたね。

なんでも実際にその場で体験すること、この大切さをまた知った次第です。


そして、この日最後のワークは、まるでこのタイミングを見計らったかのように用意されていた『リリース・アンド・リチャージ』のセッションでした。

この時に話されたのが、象使いの話。

小象の時に太い綱と抜けない杭で象を縛っておくと、体が大きくなってもその象は「紐で杭に繋がれていると動けない」と錯覚してしまって、細い紐一本と細い杭一本でおとなしくさせられるようになる――という話。

私たちも知らず知らずのうちに、この象のように自分の能力を過小評価して自分を縛っている部分があるのではないでしょうか。実際、「自分は肉体以上の存在である」という体験をすると、今までの自分が持っていた常識以上のことが出来るようになりますしね。

そして、その自分を縛っている〝恐怖〟とか〝不安〟といった感情を開放していくセッションが『リリース・アンド・リチャージ』ですね。

で、私は石灯籠になっているエネルギー変換ボックスに入れて。

入れて………。

入れ……ｚｚｚｚｚｚｚｚｚｚｚｚｚｚｚｚｚｚｚｚｚｚｚ。

はっ！　終わりか。


この日は疲れてましたので、早々に寝ることに。

実際、毎日の最後のワークからそのまま寝ている人多いです。同室のタカシ君も、結構そのまま寝てましたし。皆さん疲れているのだろうなあ。

私も、シャワー浴びてリビングでちょっとお茶を飲んだ後は早々に寝てましたが、途中ではっと目が覚めたのでリビングに移動。

もちろん誰もいないのでキッチンの中にある時計を盗み見すると、ちょうど夜中の二時。

これは、何かあるのか？

そう思って外に出て、水晶を撮影しました。

残念ながら、何も写りませんでしたけどね。

「そういえば、ソファーで寝てたらモンローさん体脱していたな。真似してソファーで寝たら、体脱出来るんじゃねえの？」

そう思って、『体脱サポートＣＤ』の『状態Ｃ』を聞きながら、ソファーに横になってみました。


体の振動とそして浮遊感。

……と思ったらガタっと音がして。ふと見ると同室のタカシ君が起きてきました。

さすがに他に人がいる前で、ソファーに寝てたら不審なので、起きてから少し話して、また
チェックユニットに戻りました。

ちょうど夜中の『フォーカス15フリーフロー』が始まっているところで、その音を聞きながら
就寝。

フォーカス15の日は、眠い感じの一日でした。雷雨のせいもあるのかも？

そんな感じで、フォーカス15な一日は過ぎていきました。

となると、あと二日あるのにフォーカス21しか残されていませんが？

果たして、後はどういうセッションがあるのか？

そして、さほど劇的な事件もないまま、平穏にモンロー研の日々は過ぎて行くのか？

こうご期待。

第六章　サイレント

そういえば、フォーカス15あたりから、坂本さんのダジャレが聞けるようになりました。どんなネタか？　それは実際に聞いてのお楽しみです。

「おおお、これが坂本さんのダジャレかぁ」と、一人喜んでいたり。

後日、他の方が「笑っていいのかどうか、わからなかった」と言っていましたが、この場合は「微妙に笑う」のがマナーというものでしょう。

さて、だんだんみんなの調子も上がって来た時、この日は朝から良い天気。なので、カメラ持って飛び出して、外で「朝日が昇るところと、水晶の写真を撮るのだ！」ということで写真撮影。

絵葉書に朝日がピカピカピカっと水晶を照らしているものがあったので、それをマウンテン・リトリーツの水晶でやろうと思ったら、木が生えていてそうならないのです。でも苦労して、まあこれくらい、って感じの写真が撮れました。

天気も良いし、外を歩いても気持ちいいし、リビングでも皆さんの会話が弾んでいます。

ナナさんは趣味でトンボ玉を作る、トンボ玉芸術家でして。その作品の一部を見せていただきました。朝日で見ると、とても美しく見えました。こういうものは、作る人のセンスが重要ですので。見ていて癒される感じがするのは、そういう心の方が作るからなんでしょうね。

朝日を浴びた巨大水晶。苦労の割に「まあ、これくらい」というのが悔しいですが。

この日は、朝食が終わってからキャビンに集合です。

ちょっと薄暗いのは「カメムシが入ってくるから」。

そこでジョンさんが話します。まず、ジョンさんの著書を紹介。残念ながら日本語訳は出てないのですが、「本を買ってくれたら、サインしますよ」とのこと。〝英語の本〟というだけで、私には無理ですが。

あと、今日の昼休みにナンシー・ペン・センターに移動して、そこでショッピングができるそうなので、ちょっと楽しみです。

モンロー研へ行くという話をしたときに、ヘミシンク仲間から「サンキャッチャーを買ってきて」という指令がありまして。そして私は「CDを買ってくれた方につけるなんかいいお土産ないかな」とも考えていましたので、ボールペンとか、マグカップとか、そういうのを買おうかなあ、なんて考えておりました。

もうすでに、ナンシー・ペン・センターでのショッピングに意識が向いています。


そして、買い物の話が終わってから、ジョンさんが言います。

「今日の午前中は、特別なゲストが来て、一緒に過ごしてくれます」

ゲスト？　○○モ○○○○○さんとか？　ブ○○○○○さんとか？　それとも、アメリカでは有名だけど、意外と日本人が見ると「ふう～ん」的な人？　いろいろと脳裏をよぎりますが。

メンバーからは「オバマ？」とかいろいろな名前も出ましたが。

そして、本日の特別ゲストの正体が明かされます。


「それはあなた自身です」


というわけで、今日は自分と共に過ごす日。『無言の朝』＝サイレント・モーニングです。

午前中は一切シェアはなく、三セッションを連続して行います。

まずは、宇宙への探索のような内容のＤＶＤを見て、それを見終わったら無言、サイレントになります。一切一言も人と会話をしてはダメ。外を歩いたり、木や石と会話するのはＯＫ。休憩中も無言です。

鐘の音がしたらチェックユニットに入って、そこでヘッドフォン越しにセッションの内容を聞いて、体験して。終わったらまた無言で外を歩いたり、自然を感じたり。

そして、また鐘の音でチェックユニットに入る。そういうセッションを三回繰り返して、昼食の鐘の音で終了です。

このセッションの目的としては、普段は忙しくて自分と向き合う時間がなかなかとれませんが、自分自身と一緒にいる特別な時間に自分と向き合い、感謝をする。そして、自然と共にいる感じを受け取る――そういう感じのようです。

休憩中は、サイレントで自然の中を歩き回ったり、記録をつけたり、自分への質問を自動書記のような形で受け取ったり……。

今までの自分を祝福するセッション、そんな感じでしょうか。

ＤＶＤが始まりました。

まず、宇宙へとどんどんと視界が広がって行って、今度はどんどんと視界がミクロから素粒子の世界にまで入りこんできて……というイメージの映像でした。

それが終わってから、チェックユニットへと移動。サイレント・モーニングの開始です。

最初の内容は、フォーカス15で宇宙を感じるような、そんな内容です。

この時に見えたイメージは、岩に掘られたような、仏像の並んでいる姿とか、特徴的なレリーフが刻まれた柱とか壁などを見ました。

そして、今まで不安に思っている事象が思い浮かんで来たりして。

自分がこちらに来ている間にいろいろと日本でもあったようですし、仕事の方もいろいろとやらないといけないこともありますし、そういう〝雑念〟と言われそうなものも多数思い浮かんできましたが、これも今は私にとって意味のあるものだと思いまして、それを見ておきます。

すると、ハートのエナジーを強く感じることができました。

宇宙を感じると、ハートのエネルギーを感じる。

繋がっているのでしょうね。
そして、それが終わってからは無言の自由時間。
チェックユニットを出て、ジャーキを食って水を飲んでグランディングして。
まず行くのは窓の外に見える、巨大な水晶。
水晶に触って、挨拶して。
水晶の優しいエネルギーを感じて。
そして、周りの木々を眺めながら散策です。
一本の木が気になったので、それに寄り掛かって木の感覚を味わいます。
呼吸をゆるやかにして。意識を木と共にして。
木はなぜそこにあるのか。
木は大地と空の間にエネルギーを循環させていて。
より大きなエネルギーを循環させるために、長い年月をかけて成長する。
成長するために、エネルギーを得ているのではなくて。
エネルギーを循環させるから、大きくなる。
木は、ただ最初から自分の流せる分のエネルギーを流しているだけ。
それが、次第に自分自身を成長させ、今のような大木になった。
そんなイメージが伝わってきます。

木は自分が成長するために栄養をとるのではなくて。循環させるために栄養を体の中に通しているだけであり。その過程で、自らが成長し、そしてまた多くの水分、養分、エネルギーを循環させることが出来るようになって。

それがまた、自らを成長させて。

成長した木は花をつけ、鳥や昆虫に蜜を提供し。

実をつけることで、虫や動物たちに贈り物をしている。

世界は〝ギフト〟で成り立っていて。

弱肉強食や競争、という原理は人間が作った概念である。

「そうか、世界は〝ギフト〟で溢れているのだな」

そう思えてきて、なんだかそこにいる虫たちすべても愛おしくなってくる感じでした。

普通、木に虫が付いていると、「あ、自分にくっついてくると嫌だなあ」と思ってあまり近よりませんが、この時は虫も足元の枯れ葉も、すべてが自分であり、すべてのギフトがそこにあり、すべての世界が、贈り物をしあって存在している。

そんなことを感じられました。

いままで、教科書で学んできたことよりも、今、ここで木と対話したことのほうが私には素直に信じられたものです。

これまで学んできた知識、体験、そういうものがすべて一つになり、新しい気付きを得られました。

そして、他の花の咲いた木にも話しかけようと思ったら、鐘が鳴りましたのでチェックユニットに入ります。

他の方も、それぞれに木と対話したり、草地に座ってぼんやりしてみたり、歩き回って移動したり、いろいろとされていましたね。


そして、次のセッションは、『五つの問い』ですね。

ゲートウェイでもおなじみの、「困った時は聞いてみるか」的なエクササイズです。

私はこれ、タイさんのところとかでやると、結構イメージが見えやすくて、面白い展開になるのですが、果たしてモンロー研で見るとどうなのか？

そして、いつも出てくるあのでしゃばりガイドは姿を現すのか？

そして、セッション開始。

私は、意識の状態になったら、すぐに外にある水晶の中へと入って行きました。

すると、そこにはいつものあの人、ルリカさん登場です。

「やっぱり出てくるんですね」

「あなたをガイドするのが私の役目。ここで出てこなくてどうするの」

という会話をして（サイレントですが、ガイドとの会話はＯＫですよ）、奥へと連れて行かれます。

そして、一つ目の五番目に重要なメッセージを見せてもらいました。

掛け軸が、ぱっと降りてきて、

『天上天下唯我独尊』

なんじゃこりゃ？　って感じですが、重要なメッセージらしいです。まあ、とりあえず記録します。

ナレーションに従って、次に重要なメッセージを見せてもらいます。

今度も掛け軸が降りてきて、

『つれづれなるままに』

「今日は掛け軸シリーズ?」とついルリカさんに聞いてしまいましたが、「悪い?」とあっさりした返事。

「せっかく水晶の中にいるのに」

「じゃあ、次はちゃんとしてあげるわよ」

そして、三番目に重要なメッセージを聞きます。

すると、水晶の中にある、〝公園〟に連れてこられました。花と、噴水と、石畳の道の先にある、半地下の小屋に入っていきます。

「暗いんだけど」

「電気のスイッチあるでしょう?」

「あ、そうか」

電気をつけてみると外にある水晶が小屋の中にもあって。

『外面は内面の写し』『内にあるものは外にもあり』

という感じのメッセージでした。

そして、二番目に重要なメッセージ。

こぶしを振り上げて立つ仁王像。しかし、それがスフィンクスのようにも見えます。

「これ? メッセージって」

「違う、もっと奥」

奥にはピラミッドがありました。しかもそれは、キャビン横にあるピラミッド型の建物。

その前にモンローさんが立っていて、私を出迎えてくれました。

「ハブ・ファ〜ン!」と言いながら肩を叩いてくれて。

これが二番目に重要なメッセージであったようです。

そして、モンローさんと共に、そのまま一番重要なメッセージを見せてもらうことに。

そのキャビンのピラミッド内に入ると、中には妻の姿。

「なんで?」と聞くと、モンローさんが語り始めます。

「奥さんを大切に、愛してあげなさい」

「人生には良きパートナーが必要です。楽しくもあり、苦しくもあるが最良のパートナーに恵まれているのだから、大切に」

ということも言われて、どこからかオルゴールの音が聞こえてきました。

これは私の宿泊した部屋の棚にあったイルカのオルゴールで、ちょっと聞いてみたらとても癒されてしまい、すっかり気にいったものでした。カリフォルニアかどっかの土産なのに、「メイド・イン・ジャパン」。陶器できたイルカの姿なんですが、二匹が仲良く泳いでいる感じです。音がなると、一匹が動きながら回ると言う、ちょっとしゃれた感じのもの。

急に、今日これに意識が向いたのは、このセッションのためであったのか……そう思ったら、向こうでルリカさんが手を振ってます。そういうことですね。

そして、モンローさんの隣にはナンシーさんが現れ、一緒に公園へと出て行きました。

良きパートナー、そういうものが一番重要なメッセージなのかもしれませんね。

それが終わって、またサイレントが始まります。

とりあえず水晶のところに行き、そこから、切り倒された木の切り株へと移動しました。

私は、セッション中はずーっと裸足にサンダル履きで過ごしていますので、木の意識を感じてみようと切り株の上に裸足になって登ります。

そこで感じたのは、木の感じる感覚。

このイルカのオルゴールが、重要なメッセージを与えてくれました。ちなみに「メイド・イン・ジャパン」です。

森は、木は、すべては全体であり、個であり、すべてはつながり、共有し――そんなことを感じておりました。

切り株から伝わる大地からのエネルギーが体を通って上昇し、すべての木が同じように呼吸しているのがわかるような気がしました。

そして、戻るときに水晶に触れると、水晶から伝わる愛を感じることができて、水晶の愛に包まれる感覚でした。

そして、鐘の音がなりまして三番目のセッション『バイブ・フロー』。

これは、振動を感じながらフォーカス10、12、15と上がっていく感じのCDです。

私の場合、フォーカス15まで振動を感じて上がったところでクリックアウト。

気がつくともう12に戻ってきてました。

おぼろげながら見えたイメージは、宇宙ステーションのような姿と、フォーカス35（？）のような感覚。深い安心感と、愛を感じる世界を体験したような気がします。

で、12に戻ってきてから、ちょっと問題解決に関しての意識を向けてみると、木の意識を思い出しました。

「すべてはつながり、個であり全体である」

その問題に関しては答えが出たような気がしましたね。実際、家に帰ってくるとそれは解決してましたし。

そして、セッション終了。

『サイレント・セッション』は私にとって、とても重要なことに気付かされた、そんなセッションでした。

フォーカス15までを体験すると、こういう瞑想のようなことができる。

こういう気付きを得られることが、ヘミシンク体験の真髄なのではないのか、と思います。

昼食はサイレントと違って、いろいろと話もしていましたが。

私はまだおなかの調子がそれほど良くなかったので、食べた後はすぐにトイレに行く感じでしたね。「ウォシュレット欲しい」と思いつつ。

サイレント・モーニングの〝良い話〟から、ここでトイレとお風呂の話。

トイレはこれまでに散々書いてきましたように、ヒーターも何もない普通の洋式です。

ただ、アメリカなので、トイレとシャワーが同じ部屋。ですから、誰かがシャワー浴びていると、トイレに行きにくいという問題点がありました。

シャワーは上部固定式。洋画で良く出てくる、いかにもアメリカンなシャワーですね。それにしても、「下半身、どうやって洗うんだ?」という謎もありまして。アメリカ人は何か高等テクニックを持っているのか? まあ、体全体を洗うには洗いにくいシャワーでした。

そして、一番謎なのが、下にあるバスタブらしき部分。お湯をためても半身浴の中途半端しかできない感じだし、本気で全身つかろうと思っても、はいつくばる感じだし、まさにアメリカンミステリーです。

他のシャワールームには、こういうのはなかったんですが、私たちのところにはありました。

さらに、バスのところには洗面台もあるので、一人風呂に入っていると顔も歯も磨けないと言う。アメリカンなバスルームは結構不便です。

ナンシー・ペン・センター

そういえば、五つの問いで、ジュンさんは本の続きを見せられたそうです。最初に石が見えてきて、それが本のように開いてきて、その中に本の内容に関する情報も書いてあって、とか。

モンロー研では、今後の未来に向けての、なんらかの情報を得ることができる場合もあるみたいですね。

モンロー研作家、新たに出現？

そして午後は、皆さんお楽しみの、『ナンシー・ペン・センターお買いものツアー』です。マッサージの予約をしている方は後でジョンさんとトラックで来るとのことで、それ以外の人たちが先に、モンロー研の十人乗りバンで移動になります。でかいです。幅はハマーH3くらいあります。

そういえば、このバンでロバート・マウンテン・リトリーツに初めて案内された時、入口でジョンさんと女性のスタッフさんが日本とアメリカの国旗を振ってお出迎えしてくれたのを思い出しました。そこで、ウエルカムな雰囲気ばっちりのこの空間で、楽しいひと時が過ごせそうな感じを受けたものです。

さて、バスが迎えに来るときに、ナンシー・ペンから他のお客さんを連れて来ていたのですが、でかいですね、アメリカ人。特に横幅が。日本人は十人乗れるけど、そういう人ならば五人で一杯って感じでした。ちなみに、ナンシー・ペン・センターでも別のプログラムが行われているので、そのプログラムに参加している人たちとは会わないように、という配慮で買い物をしていきます。

初めて入るナンシー・ペン・センターですが、ロバート・マウンテン・リトリーツとも雰囲気が違って、かなり〝研修所〟っぽいイメージはしましたね。ロバート・マウンテンは、「別荘に遊びに来た」感じで、かなりゆったりとした感じになってましたし。

私は、今回お買い物の指令として、妻から「ボールペンなどを買ってくるのだ！」と承っておりまして。それ以外にも、ヒーリングの師匠の家『ARION』に飾ってあった、サンキャッチャーとか、モンロー研マークの入ったカップとか、あとはアファメーションの書いてある飾りとか、いろいろと買うものをイメージして、お買い物にレッツゴーです。

ナンシー・ペン・センターの一階。入口が上にあるので、地下二階くらい降りる感じですが、途中で出会うスタッフさんも気軽にあいさつしてくれます。一応、私もキッチンスタッフさんなどと会うときは、「グッドモーニング」とか言ってたんですよ。朝の挨拶は基本です。

さて、早速探していたものをチェックしますと、ボールペンやカップがありません。並んでいるのはもらった靴下とか、デックらしきイルカのぬいぐるみとか。

「しまった、指令が果たせないではないか！」

本当は、ボールペンなどを「ＣＤ買った人へのおみやげにして、みんなでサプライズな喜びを」なんて考えていましたが、靴下とかぬいぐるみだと、たくさん購入できないしなあ。イルカだと『〇〇シーワールド』とかの土産っぽいし……。

「土産がないなら、とりあえずレアなものを購入して、ブログネタにでもしないと」

ということで、計画変更。

ピンクのＴシャツと、モン研マーク（正式にはモンロープロダクツの）入りのバックを二個。それと真っ赤なキャップ。これは、今度の講演会に着て行こうかな。

とりあえず、他の方からのおみやげ指令を果たすべく、サンキャッチャーを見たのですが、一個しかありません。これでは、おみやげを頼んだ人同士で争いが起こってしまいます。

するとそこに英語の話せるユミさんがいたので、ちょっと店員さんに聞いてもらい、ある分の在庫を出してもらいました。ユミさんには、ザ・ビジットのときにも非物質的に起こしてもらいましたし、お世話になりっぱなしです。こう言うとき、英語ができるって、やっぱりいいなあ。

で、在庫を出してもらったのですが、少ししかなかったので全部買い占めました。

サンキャッチャーは、モンロー研マークのものと、イルカのものがありましたが、イルカのはかわいらしくて、女性で購入されている方も結構いましたよ。

私は、「家に飾ると、間違いなくアホ猫が飛びつく」と思って自家用には購入を控えましたが。

へミシンクCDもたくさん並んでいました。

でも、「これなら、自分のところのほうが安く仕入れられるし」と思ったりして。

ちなみに、モンロープロダクツと、モンロー研は別会社です。私のディーラー契約しているところは『モンロープロダクツ』であって、『モンロー研』ではありません。というか、モンロープロダクツの正規代理店でないとCDは販売できません。ですから、モンロー研も、モンロープロダクツの正規代理店扱いとなります。ですから、モンロー研で買っても、ディーラー価格にはならないのです。ややこしいですね。

そして、あのぐるぐるマーク。私がサインでパクったあれですが、あれはモンロープロダクツの登録のようです。

モンロー研は独自のマークも作っておりまして、坂本さんが「これがモンロー研のマークだよ」示してくれたのが、赤いキャップ。ブログのネタという意味もありますが、実際帽子がないと外を歩くときつかったので、実用性とネタのために購入。ただ、個人的に「ちょっと微妙」な感じ。ナンシー・ペンの塔をシンボルにしているのはわかるのですが、やっぱ、モンロー研、というとあのぐるぐるマークがイメージですね。

その後は有名なモンロー研の水晶、ナンシー・ペンの水晶を拝みに行くことに。みんなでぞろぞろと拝みにいって、さわったり写真撮ったり。

ある方から、「その水晶の欠片を持って帰ってこれないか？」と言われていたので、一応周囲を探してみましたが、まあ、そうそう水晶は壊れませんからね、残念ながらありませんでした。

この水晶、以前誰かがハンマーで壊して持っていこうとした人がいたらしく、それで、頂上が壊されているとか。悪い人もいたもんです。

そういえば、ロバート・マウンテン・リトリーツの地面においてあった水晶。それには堅いクサビのようなもので殴ったような跡がありまして。みょうに平べったかったので、「ひょっとして、その削られた水晶の頭？」と思いましたが、聞くタイミングを失ってしまって、未だにそれは謎のままです。今度誰か行ったときに調べてみてください。

そして、水晶の隣にあった、ローリーさんの名前の付いた迷路。

迷路からセンターを見ると、手前にデイビッド・フランシス・ホールが見えます。

この迷路は歩行瞑想用のものらしいので、取りあえず歩いてみることに。ズルしてまっすぐ中央まで行ってはいけません。ちゃんと道なりに行ったり戻ったりして歩きます。

最初私がひとりで歩いていたら、後からきた人もみんな歩きだしたので、ぞろぞろと面白い光景になっていました。

そして、ゴール地点の中央にはなにがあるかというと、クリスタルやコイン、お菓子などもおいてありまして、私も、五セントと一セントのコインをおいてきました。

ローリーさんの名前が付いた迷路。左下に見えるのがローリーさんのモニュメントです。

なんとなく、宝物を置いていく場所なのかな、と思ったものでして。

日本人は、なぜか〝ありがたそうなもの〟があると、そこにお金を置く人がいますね。屋久島に行ったときも、屋久杉の幹にお金が挟み込んであるのを見ましたし、水族館で、亀の水槽になぜか小銭が入っているの見ましたし。これは、ストリップ劇場で紙幣を挟み込むのと同じ感覚？　と思ったりしましたが。「ありがたいもの拝ませていただきました」的な？

それはともかく、そういう風習にのっとって（？）「日本人らしく、小銭を置くか」との気持ちで置いてきました。

この迷路は朝霧のある中を、一人黙々と歩くと結構瞑想状態になって良いかもしれませんね。

後日、タイさんご夫婦に聞いたところ、サイレント・セッションの時に、ここを歩いたりしたそうで、ロバート・マウンテン・リトリーツでは森の中を歩く感じになりますが、ナンシー・ペン・センターでは草原やこういう迷路を使ったりするみたいですね。

そして、帰りにちょっと時間があったので、みんなが「あの塔に上りたい」と言い出しました。やはり、あのナンシー・ペン・センターのシンボルには上ってみる必要があるでしょう。

みんなのわがままを、坂本さんが「じゃあ行ってみましょうか」ってことで聞いてくださいまして、ぞろぞろと上って行くことに。何でも言ってみるものです。

思ったより狭い階段を上っていくと、上は展望台になっています。

「実は、この塔は施設的に、特に必要ないのでは？」

とふと思いましたが、この塔はシンボルですからね。あまり実用的なこと考えたらいけないのかもしれません。

屋上で周りを見渡すと、草原となだらかな山。

しかし、みればみるほど「阿蘇に似てますねえ」とユキさんとお話ししました。

天気の良い日に、阿蘇の草原に水晶立てて撮影したら、モンロー研っぽくなりますからね。

ただ、空の色がアメリカのほうが青く濃い感じでしたが。

今回、マッサージを受けているヤリタさんと、ヨシさんがジョンさんのトラックに乗って遅れて来ましたので、お二人の買い物が終わるまで待って。

そして、買い物を終えてバスで帰ってくる時、隣にユキさんが座ったので、「阿蘇に似てますねぇ」とか「タイさんのところも同じような空気感ですねぇ」なんて話しておりましたが、すると、ふと「そういえば、南阿蘇にお住まいならば、まるの日さんってご存じですか？」と聞かれました。さんざん、薪割りするとか、薪ストーブの話とか、ＴＳＴの話とかしていたので、てっきり、もうユキさんは私の素性を知っているものだと思っていたのですが。

なので、「それって、僕ですよ」とお教えしましたら、「ブログの写真とまったく違うのでわからなかった！」と言われてしまいました。

よく言われるのが「もっと山男かと思った」とか、「もっと年輩の人だと思っていた」とかなので、そういうイメージで見られていたのでしょうかねぇ。

すると、前の席に座っていたカスミさんにも、「あ、だと思ってました」と言われまして。

このように、徐々に参加者の方には名前が知られていっていましたが、まだ坂本さんには言っておりません。言い出すきっかけって難しいですね。

夜中に待ち伏せして「ぼ、僕がまるの日圭ですっ‼」と言うのもなんか愛の告白みたいだし。

そういうわけで、自然な流れが来ることを待ってみることにしてました。せっかくのモンロー研セミナーですから、最後まで坂本さんのリズムで受けてみたい、というのもありましたし。

でも、だんだん参加者の方には漏れていっていたという。まあ、これも流れですね。

「まあ、もしもモンロー研で話せなくても、成田で言えるだろう」

そう思うことにしました。

ちなみに、カスミさんは、良く聞くと私の本をすでに読んでいたそうで、時期が来ればバレるようにはなっているもんですね。

その後は、今回ダレス空港で合流したヨシヒロさんにも私の素性はバレました。私のブログも見たことがあるそうです。

意外と、自分って有名なんかかな？　とちょっと思ったりしてしまいましたが。

まあ、そういうことで、ナンシー・ペン・センターから帰ってきた時点で、かなりの人に素性がバレ始めておりました。

ユキさんなんかは、私が一緒に参加しているのを知らずに、「まるの日さんのブログで、『全脳革命』が良いって書いてありましたよ」とか坂本さんに話していたとか。

まあ、そういうこともあります。

第七章　フォーカス21

ブリッジカフェ

ロバート・マウンテン・リトリーツに戻ってきてから、しばらくお茶を飲んだり話したり、また居間でしばらくくつろいだりしていました。このまったりした時間がいいですね。

さて、午後のセッションは、『フォーカス21』となります。

今回は、初めてのフォーカス21ですので、「フォーカス21を感じる」ということになります。

フォーカス21とは向こうの世界との境界、と言われる部分ですが、三途の川のような風景を見る人もいるそうです。

今回はあの有名な（モンローさんの本を読んで下さい）存在〝ミラノン〟から教えられた、振動と色を表している方法で行います。

フォーカス15が青、16赤、17黄色、18バラ、19グリーン、20紫、21白――これらの〝色〟をイメージしながらフォーカス21へと移動する感じでしょうか。

ゴレンジャーにたとえると、アオレンジャーよりもキレンジャーのほうが振動数が上のようです。ミドレンジャー好きの人は、意識が常にフォーカス19につながってしまうのでしょうか？

……って関係ないですが。

とりあえず、「白の21」という感じでイメージできればいいみたいですね。でも、見える時は白とは限らないらしく、暗くても問題ないそうです。トレーナーのジョンさんも暗いらしく、透明な光が見えるような感じだとか。見え方はそれぞれと言うことみたいですね。

そして、ブリーフィングが終わってから、トイレ経由でチェックユニットへ。

そこで、レディスイッチを入れてふと思いました。

「そういえば、今まで午後のセッションは、水晶持ってなかったなあ」

いつも、なぜか午後一のセッションでは、マイ水晶を持っていなかったのですよね。

朝と夜は無意識に握りしめて聞いていましたけど。

そこで、「じゃあ、今回からは毎回持つようにしよう」と水晶を握りしめてチャレンジです。

すると、フォーカス21まで色をイメージしながら無事に到着。

最初に見えてきたのはギリシャ風の柱。そして、それが立ち並ぶ空間にテーブルとイスが並んでいて、それは広い川の横にあるカフェのような場所で、向こうには、川にかかる橋も見えます。

「これがブリッジカフェか？」

『ブリッジカフェ』の存在は、いろいろな方の体験記を読んで知っておりましたが、本当に橋の近くにあるとは思いませんでしたし、ギリシャ風の柱があるとも思っていませんでした。

今回はモンロー研のセミナーを受けるので、私の作っている『まるの日カフェ』などには行かないようにして、導かれるままにモンロー研での体験を楽しむことにしておりますので、はるんちゃん、ミシェルの出番はありません。

ブリッジカフェを見て、うろうろしていたところ、「どうも柱との間には壁もありそうな感じだが？」と思いましたが、広い窓のようにも思えました。

ただ、人を確認することを忘れていたので、誰も見ませんでした。

ところが、フォーカス21から戻るとき、なぜか誰かにハッキリと肩をたたかれ、何かのケースを預けられたのです。誰に頼まれたのかわかりませんが。

そのままフォーカス15まで降りてくると、それを誰かに手渡すことに。

フォーカス21の誰かからもらったものを、フォーカス15の誰かに手渡してきたという、謎の体験もありましたが、今回は最後まで意識を保ったまま終了。

「なんだ！　午後のセッションは水晶持ってやってればよかった‼」

今更後悔。そうすれば、体脱ももちょっと違ったかもしれないし、寝なかったかもしれないのに。まあ、いいです。せめて、日程が終わる前に気づいてよかったです。

シェアでは、まずフォーカス21の説明になります。

フォーカス21では、向こうの世界に行かれた方がこちらにやってきて、そこで会うことのできる場合があるとか、宇宙人や非物質の生命体と遭遇する場合もあるとか、川や橋を見たり、巨大な構造物を見たり……といった体験をしたケースがあるようです。

私がシェアの時に「ギリシャ風の柱が……」という話をしたら、同じようにギリシャ風の柱を

見ている方が何人かいました。どうやら、「フォーカス21には何かそういうものがあるらしい」ということでしょうか。

そして、ブリッジカフェが川の岸にあり、そこで誰かと会ったり、空港とかいろいろな施設があるという話を聞きました。

どうやら私の見たものもブリッジカフェであったと確認できてよかったです。

もちろんそれ以外にも、私のように勝手にカフェとかなんか作っている人はたくさんいるでしょうから、フォーカス21にはあらゆるものが存在しているのかもしれませんね。

ちなみに、私のセミナーにも出たことのあるユミさんは、フォーカス21のまるの日カフェにいってたみたいでした。さすがにシェアで「まるの日カフェにいたようだ」とは言えませんので。後日、こっそり教えてくれました。

そして、次のセッション。フォーカス21へ、今度はふつうの行き方で挑戦です。いつものゲートウェイのCDを聞いてやる感じですね。

もちろん、水晶を握りしめてレディスイッチONです。

特に指令はないので、自由に参加者を探してみたり、モンローさんを捜してみたり、ピアノがあるらしいので探してみたり、自由に何かしてみようという感じです。

私の場合、そこで見えてきたのは、前と同じようなギリシャ風の柱と白い壁。そして、ステンドグラス風にきらびやかな窓、それがいくつもはめ込まれてる、美しくて大きな建物です。その中に、白いテーブルとイスがあるカフェが存在しています。

確かに、奥にはピアノがあって、その前にニキさんが座っていました。弾いているわけではなさそうです。

私がとりあえずテーブルに座ると、そこに家で飼っている猫がやってきました。

「あれ、なんでこんなところに?」

そう思っていると、それが「にゅろーん」と、とても猫とは思えぬ変な姿になってきました。

そして、その飼い猫に化けていた存在は、驚いている私を置いてテクテクと歩いて去ってきました。

「なんだったんだ?」

一人でぼーっと座っていると、髪の毛には金色の角のような飾りと、白い肌に金髪に白い服を着たそれは美しい、北欧風美人がやってきました。どうやら、この方はここで働くヘルパーのような人っぽいです。

その人に、「モンローさんいないの？」と聞くと、「あっちにいますよ」と教えてくれたので、その方角にある橋のたもとに向かいます。

すると、橋のところに野菜洗い場みたいな段差がありまして（三途の川に野菜洗い場？）、そこにモンローさんが立っていました。とりあえず、モンローさんと何かを話していましたが、内容は良く覚えてないですね。

その後、自分以外の人を捜そうと思い、カフェ探索です。

ヤリタさんは丘の上、タカシさんも丘の近くにいましたね。

テーブルにカスミさんが座っていて、入口にナツコさんとジュンさんが立っていました。

奥のピアノにはなぜかニキさん。

外のほうにはヨシさんが歩いていて、ヨシヒロさんはカフェの席というか、ピアノの近くにいたような気がします。

ユキさん、ユミさん、ナナさんにケイコさんは、私は今回確認できませんでした。

一応、ある程度の確認はしましたが、果たして、ご本人の感じと合っているのかどうか？

カフェの外の様子を見てみると、丘のむこうに三角屋根の建物がいくつも建っていて、その一方で日本の建物っぽい大きなものが建っていました。ピラミッド風の建物も見えましたね。

私は、カフェで美人のヘルパーさんに会ったのでそれだけで十分収穫です。今度から、まるの日カフェでなくて、こっちに入り浸るかも？


シェアの時間で、互いの経験を話すこととなりました。

カスミさんはいろいろな人から目撃されていたようです。やはり雰囲気がある人なので、人も認識しやすいのでしょう。そのカスミさん自身は、アザラシと温泉に入っていたとか言ってましたね。「アザラシがガイド？」という感じですが。

他には、モンローさんの居場所を聞いても教えてもらえなかった人もいたようです。

そして、夕食と夜のセッションへとつながります。

夜のブリーフィングは、ミラノンの話をしたり、いろいろと資料ももらえるし、音源も聞けたり、DVDを見られたりするので、また楽しいものです。モンロー研のセミナーに参加すると、たくさん貴重な資料をもらえるので、お得な感じがします。これが英語版を受けにいっていたら、資料もすべて英語になってしまうのですが、アクア・ヴィジョン・アカデミーの場合はすべて日本語で訳したものがついてきますので、英語がわからない人にはもってこいだと思います。私はとても助かりました。

そして、夜のセッションは、フォーカス12を使った『遠隔視』をすることに。

トレーナーのジョンさんと坂本さんが、箱に何かを詰めて庭の水晶の前に置いておくので、そこに何が入っているかを、体外離脱でも、リモートビューイングでも、あらゆる手法を使って見て来て下さい――というものでした。

夕食後で眠いので、「たぶん、途中で寝るな」と思ったので、最初はチェックユニットに座って始めました。そして、マクモニーグルさんの真似をして左手の指を触りながらリモートビューイングをしてみます。

すると、見えてきたのは〝オレンジ〟〝籠〟〝草の模様〟〝時間を告げるベル〟。

次に横になって、もっと「体外離脱で見てやる！」と思って実行。

…………ZZZZZZZZZZZZっ！

あ、寝とったやん‼


ということで、最後にがんばって浮かぶイメージを描き留めたら、赤いものと、黄色のものがあるぬいぐるみのような——私はアヒル隊長だと思ったので、それを描いてみました。

あとは曲がったキャンディと折り畳んだハンカチ。

しかし、ほとんど寝ていた感じだったので、あまりはっきりと見た感じなかったですねぇ。

そしてブリーフィングルームにて、参加者の方が一人一人見えたもの、感じたものを言っていましたが、皆さん時計のようなものをイメージしているのですよね。

「私はそんなもの見なかったけどな」

と思っていましたが、みんな見ていて、私だけ見ていないとちょっとへこみます。

ジュンさんは「四十五度の角度のあるもの」をイメージされていたようでしたね。

そして、ユミさんが「黄色いアヒルのおもちゃのようなぬいぐるみ」ということを言われていたので「あ、同じだ」と思った次第。

最後に箱をジョンさんが持ってきて、答え合わせです。

中から出てきたのは、オレンジの懐中電灯。赤いような帽子をかぶった熊のプーさんのぬいぐるみ、オレンジ、ヘアドライアー。

ヘアードライアーはあの髪をはさんで乾かすやつだったので、確かに開くと45度の角度になります。ジュンさん近いですね。

あとはプーさんのぬいぐるみ。ユミさんは近いところ来てましたね。私が赤と黄色だと思ったのはあながち間違いではなかったな、とちょっと安心。

そして、オレンジを当てたのは私一人、これはばっちり当たっていたので。

「体脱は失敗したけど、リモートビューイングは良い感じではないか」

と思いました。オレンジはそのものでしたからね。

坂本さんが言うには、箱に時計をいれるかベルを入れるか迷っていたとか。

「迷った意識を読まれたんじゃないの？」と言われていましたね。

しかし、なんとも眠くてしょうがなかったので、「今日ははよ寝よう」とシャワーを浴びるために廊下に出ると、目の前を何かｉｐａｄの大きいようなものを持って歩いていくカスミさんとナツコさんの二人の姿が。

「仕事でもするのかな？」

と思ってそれを見送ってから、シャワーを浴びて、髪の毛が乾くまでちょっと居間にいってみると、誰もおらず。

「やっぱ、みんな眠いのだな」と思って、ココアを飲んで、ある程度髪が乾いてから寝るためにチェックユニットに戻っていきました。

ＺＺＺＺＺＺ。

ということで、フォーカス21の夜は過ぎて行くのです。

しかし、ここで新たな出来事が‼

ピュア・ラブ

この日、朝日の写真撮るためにうろうろしていたら、プールに足突っ込んで大変なことになりました。外を歩くときは靴を履いていたので、靴からズボンまで濡れてしまって。

おかげでこの日は一日中サンダル生活でしたよ。余談ですが。

そして、この日は前の夜に早く寝たせいか、ふと目が覚めたのでそのまま起きることに。まだ外は暗かったのですが、「帰ってからブログ書くために、少しでも覚えている間に記録を取らねば」と思って、居間にスケッチブックとポメラを持っていって、ちょっと仕事しようかと思って行ったら、入口からリビングにナナさんが入ってきました。なんとも寒そうな感じで、厚手の上着を着込んでいます。

実はナナさん、チェックユニットで横になるたびに壁がガラス張りのように見え、毎回草原に一人で寝ているような感覚に悩まされていたそうです。そのせいでセッション中のナレーションなどを聞くことができなくなり、ご本人はシェア中に「全く体験をできていない」と言っていましたが、みんなに「それ、すでに体験してますよ」とつっこみ入れられていましたね。

これはまさに体脱で、別の次元に移動していたのだと思います。私にとっては、そういう体験こそしてみたいのですが、現実意識が強いのか、完全に入り込むような体脱はそんなにしないからですねぇ。

ナナさんは私の姿を見て、「あ、ちょうど良かった」と言いました。お話を聞くと、昨日から体が寒くてしょうがないと。それで、眠れないので薬をさっき飲んだので、このまま寝てしまってセッションの時に起きてこられないかもしれない。だから、誰かいたらその人に伝えてもらおうと思って来た、と言うのです。

モンロー研に行くと、いつリビングに行っても、「あ、この人またいる」というようないわゆる「眠らない男」が必ずいるようです。

今回の眠らない男はヤリタさんだったようで、夜遅くまでリビングにいたはずなのに、毎朝誰よりも早くリビングにいたそうです。

しかし、この日は私のほうが早かったらしく、まだ誰もいませんでした。ちょうど目が覚めてタイミングが良かったです。

そこで、「私はヒーリングできますのでちょっとしましょうか?」と提案させていただいたところやらせていただけるとのことでしたので、そこに座ってもらって、ARIONで学んだヒーリングをちょっと行うことにしました。今ならだれもいないから、見られる心配もないでしょうという気持ちもちょっとあり。別に、怪しいことするわけじゃないんですけどね。

ナナさんの体に手をかざすと、ものすごく冷たくて、これまでに感じたことのない感覚でした。肉体と意識が離れて、ちゃんと戻ってない感じです。

なので、その感じる冷気をなくすように、戻るようにとヒーリングしていると、だんだん「体が暖かくなってきました」と言われ、さらに「暑くなってきた」と言われます。

その暖まったまま、ナナさんはチェックユニットに戻って寝ることにしました。


この時点でまだ太陽は昇っておらず、「ちょっと早起きし過ぎたかな」とも思いましたが、私はそのまま居間で絵書いたり、ポメラで記録書いたりしてましたね。そうやっていると、次第に皆さん起きてきました。

朝の語らいの時間にナナさんの話をしたところ、皆さんそれぞれ心配していましたが、そのナナさんがブリーフィング前までには来たので一安心。

そういえば、前日の夜に見かけたカスミさんの持っていた謎のｉｐａｄの正体がわかりました。あれは「携帯岩盤浴」プレートだったそうで、下に敷いて寝ると、体がぽかぽか温まるそうです。今は便利なもの出ていますね。岩盤浴すらも携帯の時代ですか。とはいえ、結構でかい。お盆くらいはありますかね。

確かに見た感じ、良くできています。実際に使ってみた方も、「温まる！」と好評でしたね。

私？　いや、使ってないので何ともコメントできませんが。


ちょっと余談。

モンロー研に行くとマッサージを受けられるのですが、これが凄く良いらしいです。なぜ「良いらしい」と言うかというと、私は体験していないから。

料金は七十ドル〜七十六ドルくらいだったと思いますが、受けた方は皆さん絶賛されてましたね。話を聞くと、ヒーリングをされている感じと似ているので、たぶん「普通のマッサージ」ではない感じです。「手がとても柔らかくて、暖かくて」と皆さん仰っていました。

マッサージ師の方も、笑顔が素敵なとても人柄の良い方のようでして。

私が受けなかったのは、単に「お金が足りなかったから」。成田で五十六ドルしか両替しませんでしたからね。

それほどいいなら、受けてみればよかった……とちょっと後悔していますので、次回行ったときは一〇〇ドルくらい両替してマッサージ受けるようにしたいと思います。

その携帯岩盤浴プレートを持っていたカスミさんは、アロマにも詳しいみたいで、グランディング用のアロマを提供したりもしてました。前からタダ者ではなさそうな感じでしたが。やはりタダ者ではない感じ。

そして、ヤリタさんもナナさんに対してヒーリングのようなことをしていましたし、森田健さんとも交友があったとか。この人もタダ者ではありません。

「なんか、良く考えると凄い面子が集まっていたんじゃ？」と改めて思ったところです。

そういえば、私も含めたこの三人、最初のフォーカス10の時に庭の水晶のところにいた三人でして。なんか、あるんですかねぇ？

今朝のナナさんの様子ですが、早朝に会った時は氷のように冷え切っていましたが、朝にはある程度戻ってきている感じがして良かったです。

そしてブリーフィング開始の時、ジョンさんの提案で、ナナさんを皆さんで囲んでヒーリングすることになりました。

ナナさんにブリーフィングルームの中央に座っていただき、その周りをみんなで取り囲んでヒーリングエネルギーを送ります。イルカのデックを使っても、リーボールでも、各自でそれぞれに使いやすいツールでヒーリングを行っていたようですが、私は、ＡＲＩＯＮヒーリングをベースに、グランディングコードを勝手に作ってつないでおりました。

グランディングが出来ていないから、肉体と精神にズレができて、それで体の機能が弱まっていたのかも……と考えたからです。モンローさんも、「体脱しすぎた時に体が冷え切っていた」ということを著書に書いてましたよね。

こういったケースに対する注意としては、エネルギーに敏感な方は、モンロー研では体外離脱がしやすくなってしまう可能性がありますので、ＣＤの最後の覚醒音まできちんと聞いておいたほうがいいですよ。最後まで聞いておくことで、こちらに意識が戻りますので。

それと、グランディングをしやすいものを用意しておくことですかね。私の場合、ターキージャーキーをチェックユニットから起きるたび、グランディングのためにもりもり食べていました。同室のタカシ君からは「毎回おなかが空くくらい、そんなにエネルギー使うのかと思ってました」と言われてしまいましたが。

前日の夜からは、ジャーキーがなくなったのでビネガー風味のポテチになりましたが、まあ、気分的に「芋は大地の植物だしな」なんてところで。

飯食って寝て、起きてなんか食って、また飯食って寝て……。モンロー研は太る要素満載ですね。注意しないと。

さて、良く話題がそれますが、ナナさんをヒーリングしたあと、朝一番のセッション。『フォーカス21フリーフロー』です。

「カフェに宇宙人がいる」という話題のあと、「フォーカス10～21までのどのレベルでも、すべての肉親に会うことが可能である」という話も聞きました。

実際、私もフォーカス10で亡くなった息子さんと会った方の話を聞いたことがありますので、「フォーカス21でないと会えない訳ではないんだな」とは感じていました。

ですから、モンロー研でそういう話を聞くと、「自分の体験していたことは良かったんだなあ」と改めて気付かされます。

そして、ジョンさんがガイドとやり取りするときのお話もされました。
ガイドとやり取りするとき、自分が「ガイドにしてあげられること」をする必要がある場合や、ガイドが自分に質問してくる場合もあるということです。

ガイドは、ありがたいお告げを持ってくる天使のような存在……というだけでなく、こちらが聞きたいならば、あちらも質問したい、こちらがガイドにして欲しいことがあるなら自分がガイドにしてあげられることはないのか……というように意識的な対等感があるのかなと思いました。

ガイドとの関係も、そういうことなんかな、と改めて思いました。

ここはアメリカ、「国が国民になにをしてくれるか、ではなくて、国民が国に対して何ができるか」なんて有名な演説もあるような国ですから。これ、都合良くいろんな会社が利用して社員教育に使ってますけど。

ちなみに、ジョンさんはガイドと会ったことはないそうですが、存在は感じるし、声のようにして教えてもらうこともあるそうです。男性だったり、女性だったり様々で、しかもこっちがガイドして欲しい時には、ガイドしてくれない、というお話もしていて、「あ、みんな同じなんだなあ」と思いましたね。

私の場合も、「ガイドからメッセージを！」と思っていると、案外教えてくれませんからね。

このように、私が体験している内容と同じようなことを聞くと、ちょっと安心しますね。

ブリーフィング後、朝のセッション。トイレ経由でチェックユニットに入ります。

私はフォーカス21は得意ですし、前日から水晶を持って臨めば寝ないということに気づいたので、ちょっと余裕を持った気持ちでスタートしました。

最初、見えてきたのはクリスタルがまるく並んでいる場所。

そこには、参加者とトレーナー二人の数と同じ、でかいクリスタルが立っていて、クリスタルを背もたれにするように、全員が円の内側を向いて座っています。

意識がそこでもうろうとなってきました。

次に見えたイメージは丘の上にある、ピラミッド状のものがのっかった塔のような建物。

それを見てからクリックアウト。

はっと、起きるともう戻ってこいナレーションです。

「あぁぁぁ、なんてこった、朝一でしかも最終日にクリックアウトしてしまうとは」

結局、なんかの建物と施設を見ただけで終わってしまいました。

シェアの時間も何も言うこともなく、トホホな感じでしたが。

そして、朝二番目のセッションは、二回目の『サイレント・セッション』にして、これまでで『一番長いセッション』だそうです。

最初、ブリーフィングルームを出てからサイレント・セッションに入り、その後外に出て、歩きながらいろいろなフォーカスレベルに意識を向けていく――そんな体験をするセッションです。

外を歩きながらフォーカスレベルを移動する――つまりノンヘミで歩きながら意識をチェンジしていく感じです。

私はこれまでにしょっちゅう自分でやっているので感覚としてわかるのですが、初めての方は、やはり戸惑いがあったみたいでした。

「フォーカス10は体が寝ていて、意識が起きている状態なら歩けないのでは？」

という疑問がどうしても出てしまいます。

しかし、歩きながら意識を変えていくことができれば、日常的にフォーカスレベルを体感できますので、家や仕事場でも役立つセッションですね。

具体的には、まずフォーカス12に入って、探索している途中に無音になるので、ヘミシンク音がない状態でその領域を探索してもらう感じになります。そのまま、フォーカス15、21も同様に無音の時間がくるとのことです。なので、今回はヘッドフォンをつけておいたほうが外の音が入ってこなくていいと仰っていました。

「外を歩くときは、ミラノンのレベルを使って歩いてもいいですね」というアドバイスもありました。最初にフォーカス21を聞いた時の、色で各レベルを表しているあれですね。

前回のサイレントと違うところは「歩き続ける」ことが大切で、ゆっくり座ったりしてはいけません。そしてチェックユニットに入る前に、「セッションが長いのであまり水を飲まないほうがいいですよ」という注意を受けました。

他には「長ーいので、トイレに行きたくなったら我慢せずに行きましょう」とか、「聞くのに飽きたら起きて記録をとってもいい」とか、「一体、どれくらい長いんだろう?」という前説がありました。

そして、ブリーフィングが終わり、二回目のサイレント・セッションが始まりました。


とりあえず、最初は水晶に向かいます。

この時に気がついたのは、最初に水晶側に最初に来る人たちと、キャビン側に最初に行く方たちと、二通りに分かれていること。

水晶の周りで見るのはいつも同じ方々でしたので、「これは面白いなあ」なんて一人思ってましたが。やはり、石に引き寄せられている方がこっちに来るんでしょうかね。

次第に、C1から意識を変えながら歩いていきます。森の中へと入って行って、落ち葉を踏みながら、ザクザクと歩いていきます。

フォーカス10、リラックス。

フォーカス12、意識を開いて。

サイレントセッションで水晶を目指す。
石に引かれる人たちが集まってくるようです。

フォーカス15、無の世界を感じて。

その途中、木々との対話を行いながら。

空は晴れ渡り、最高の日です。

太陽の温かさ。

大地の感触。

そして、木々の声。

フォーカス21、非物質と物質の境界。

私は今回、モンロー研マークの入った赤い帽子をかぶって歩いていました。

落ち葉の中に、なぜか一部輝く場所を見つけてしまい、そこに歩いていきますと、小さな小さなカエデの芽がそこに出ていました。モンロー邸の入り口にある、新芽の赤くなるカエデ、それの新芽です。そこからは一〇〇メートルくらい離れている場所で、ここまで風に運ばれてきたのかと思うと、凄いことだと純粋に感動します。

意識を開くと、こういう普段ならば気にならないようなものに意識が向いて、その素晴らしさに気付くことがあります。

カエデの新芽が、今後他の人に踏まれないように、ちょっと木の枝をさしておきました。

再会できるといいですけどね。

その後、苔の生えている場所では途中でサンダルを脱いで、裸足で歩いてみたり。

なぜか、この時は、虫とかそういうのがまったく気にならないようになっていました。

歩きながらフォーカス21に意識を向けます。

世の中は〝ギフト〟というメッセージを前のサイレント・モーニングの時に受け取りましたが。

今度は、対話するもの対話するものから〝与える〟喜びを感じることが出来て。


木は他の生き物に住みかを与え。

葉は他の生き物の糧にもなり。大地の養分にもなり。

花は他の生き物に蜜を与え。実は食べ物を与え。

太陽は温かい日差しを与え。

雲は雨の恵みを与え。


『与えあうことで世界は成り立っている』


と直感的に感じました。

弱肉強食や食物連鎖などは人間の作りだした見方であって、そこにあるのは、ただ〝与え合う〟存在がいるだけ。搾取するものは存在せず、強いものも弱いものも存在しない。

与え続けることですべては循環し、成長していく。
与え続けることですべては大きくなっていく。

『世界はギブで成り立っている』

そんなメッセージを受け取りました。
そこにある切り倒された切り株に裸足で乗って、聞いてみました。
切り倒されるのは、嫌じゃなかったのかな？　と。
すると、木は、
「与えることをしただけ。そして、自分の次はすぐそこに育っているだろう？」
教えてくれた先には、小さな木が育ち始めていました。
与えることで新しいものが育つ。
自分が人間に与えたことで、新しい自分の仲間がそこに生まれ、成長を始める。
なんだか、人間の中にある、伝える意識の連鎖のような。
父から子へと受け継がれる意識のような。
そんな感覚を受け取り、ちょっとひとりじんわりしていたり。

木々との対話を進めながら、『世界はギブで成り立っている』ことを学びました。

途中、キャビンの裏でマルハナバチが縄張り争いをしていました。ブンブン飛んでは、他から入ってくる個体を追い払っています。

「あ、喧嘩している」とこれまでは思ったでしょうけど、ハチの意識と対話してみると、

「あいつにここを任せることはできない。この場所は俺が責任持って管理するんだ！」

という感覚を受け取りました。

「自分や子孫が生存するための縄張り」という意識ではなくて、「この場所を任されているから、他の無責任なやつには入ってこられたくない」——そんな職人気質な意識を受け取りまして。

ハチも頑張るなあ……とマルハナバチが愛らしくなりました。

すぐ近くをブンブン飛んでいても、恐怖はまったく感じませんでしたね。

そして、朽木やその中にいる虫たちにも問うてみました。

「キツツキに穴だらけにされても、そのまま朽ちていってもいいんですか？」

すると、

「この中は虫の住処になっている。住むところを与えることも自分の役割」

朽木が答えました。

「じゃあ、中にいる虫は？　鳥に食べられるでしょう」

すると虫たちは、

「私たちは、食べられるのも必要なこと。与えることが私の役割なんだから」

と食べられることを前提に生きているような、そんな答え。

「すべては与え合うことしかなく、そしてそのつながりが世界である」

そんなことを感じられました。


世界は〝ギフト〟で満ちていて。〝ギブ〟で成り立っている。


これは、今後自分が仕事をしていく上でも重要なことだなあ、と思った次第です。

サイレント・セッションでは、気付きが多くあり。

そして、自分の中にある新しい自分との対話的なものもあり。

「これをやるために、フォーカス21までを聞いたのか。この感覚を味わうために、ヘミシンクを聞いていたのか」


そんなことを感じました。

フォーカスレベルとか、「どうやったら体験が?」とか、そういうものではなくて、もっと大きな〝愛〟というか。

〝無条件の愛〟や〝スーパー・ラブ〟ということは言われていますが。

私が感じたのは、そこにあるんだけど、かすかで気付かれていない。でも、それはとても大切で、そのことに気がつくと世界が変化する。そんな、微かだけど大切でとてもパワフルなもの。

『ピュア・ラブ』

『純粋な愛』

そういうものです。

世界にはこれが満ちていて。

意識を変えると、これに気付くことができて。

気付くと、世界と自分を変えることができる。

その手助けに、ヘミシンク。

そんな感じですかね。

このサイレントウォークで、私はとても大切なものを知ったような気がしました。

五泊六日のセミナーは、これに気付くためだったのかなぁ。

人それぞれ、モンロー研に行くと得るものがあると思います。

それは人間関係だったり。深い自分なりの体験だったり。

私が得たのは、この〝純粋な愛〟に気付くことが出来た。

これが一番の体験でした。


非物質的にモンローさんに会うよりも、体脱するよりも、宇宙人と対話するよりも、もっと基本的で、大切なものを得たような気がします。


そして、鐘の音が聞こえてきましたので、チェックユニットに入ります。

そして、『スーパーフロー』と名前の付いたセッションが始まります。

最初、フォーカス10では、全員が楽しくロバート・マウンテン・リトリーツの周りで過ごしている様子が見えます。

タカシさん、ヤリタさん、ケイコさん、ナツコさん、ユキさん、ナナさん、ユミさん、カスミさん、ジュンさん、ヨシさん、ヨシヒロさん、ニキさん、私。

そして、坂本さんとジョンさん。

皆さん楽しそうです。

それぞれが今を楽しみ、笑顔で過ごしている。そんな感じを受けました。

そして、誰かがキャビンの前で手を振っています。

ローリーさんの姿も見えました。

次にフォーカス12へ移動。

そこでは、カスミさんの猫君の行方をまた聞いてみたりして。

家の中に入り込んでいる感じ？　美術関係の人物？　音楽？　高台？

ちょっともっとはっきりした情報はないのかね？　と自分の受け取り方の未熟さにがっかりでしたが。駅の近所で出会えるとか、そういう明るい情報もありました。

しかし、正確性はどうなんでしょうか。


そして、今回のセッションでは、深い意識状態に入ることができたので、実はほとんどメモ出来ない感じでした。なにせ手が動かないもので。

この記録も、終わってから急いで書いたものなので、多少抜けもありますね。

次にフォーカス15では、自分のＩ《アイ》／Ｔ《ゼア》にアクセスして、未来を見てみました。

なんでＩ《アイ》／Ｔ《ゼア》にアクセスしたんかね？　というところですが。

一年後と十年後。しかし、あまり変わった様子ナシ。十年後には建物がなんか新しく立っている感じはしましたけどね。

しかし、本当に見えているんかね？　という疑問だけが残ってしまいました。

フォーカス21に移動。

すると、前回ちらっとしか見えなかった、クリスタルのまるく並んでいる部屋に意識が向かいまして。その円の中央に誰かが座っていて、皆でその人にエネルギーを送っている感じです。一人の方が終わると、今度は入れ替わって次の人が中央に入って、そしてエネルギーを送って、とそういうことをしていました。

中央に最初にいたのはヨシさん。モンロー研から戻ったらすぐに何かの試験があるという、ある意味大変な時期にこちらに来ていたので、先にエネルギーを送られていたのかもしれませんね。

皆がぶらぶらしている時でも、モンロー研でも勉強されていたみたいでしたが、試験は無事に終わったのでしょうか？


次に、ブリッジカフェに移動して、そこでモンローさんと再会。

「モンローさん、フォーカス35にいるなら、わざわざ21にくるの大変じゃないの？」と聞くと、「一度I《アイ》/T《ゼア》にアクセスすると問題ない」とのこと。続けて、「フォーカス21というのは概念にすぎない。そこに映し出されているものはすべて一冊の本にある〝章〟のようなもの。拡大した意識が本を読めば、自由にその〝章〟を選んで読むことができる」といったことを仰っていました。

つまり、I《アイ》/T《ゼア》にアクセスするくらいの意識状態でいれば、フォーカスレベルというものもあまり気にならないのかもしれません。

そして、最後に、「すべては与え合っている」というメッセージをもらいまして、こちらへと意識が戻ってきました。

ただ、私のチェックユニットは裏口の真横だったので、マッサージをする方が出入りするときに開け閉めする扉の音で、何度か意識が中断されましたが。

しかし、「長い」と言われている割には、私にとってはあっという間に感じましたね。

そして、昼食となります。

そこで「どうでした、さっきの」とかいう話をしていると、「長すぎて途中で起きていた」とか、「長すぎてきつかった」とか、そういう話を多く聞きました。

「あれ？　自分はそんなに長く感じなかったけどなあ」

そう思っていたところ、何人かはそういう人もいたようですが。

ただ、人によってかなり時間の感覚が違うセッションであったようです。

あとで坂本さんに聞いたら、八十分以上あったらしいですね。

私は四十分の普通のセッションくらいにしか感じませんでしたけど。

単に鈍いのか？

そして、モンロー研最後の昼休みとなります。翌日は朝五時出発ですからね、今のうちにいろいろ見ておかねば！

第八章　グランディング

そういえば、毎晩、なんらかのフォーカスレベルのフリーフローが、今回から流されているのですが、「ナレーションで目が覚めた」とか、そういうことも聞きましたし、実際私もナレーションで目が覚めて、トイレに行って、そのまま寝て、ってパターンもよくありました。

でも、時差ボケで夜眠れない人には良かったみたいでしたね。私のようにどこでも寝れる人は、寝る音楽程度になってしまってましたけど。

そして、夜中にはスーパースリープがずーっと流れておりましたが、実はこれ、私は苦手なんです。なんか、寝にくいのですよね。

でも、音を消すと朝のモンローさんの渋い声が聞こえないし。

一回だけ、夜寝るときに音を消して寝てましたが（フォーカス15の時ですね）、なんだかぐっすり眠れまして。私にはスーパースリープはあんまり効果ないんかな、と思ったりしました。

同様に、「音ないほうがいいよね」とヤリタさんも言っていました。人によってはスーパースリープがないほうが眠れる場合もあるみたいですね。眠りに入る脳波のパターンと、スーパースリープのパターンが合ってないとそう感じるのかな？　と思いましたが、まあ、そういうことを言うのは二人くらいでしたので、他の方には効果あったんではないでしょうか。

そして、夜のフリーフローでのちょっと面白い話。

フォーカス21のフリーフローだったと思うのですが、それを聞いていたナツコさんが、「ジュンさんがロバート・マウンテン・リトリーツ横の道を歩いている姿を見た」というのです。するど、ちょうどその時間帯に、ジュンさんは実際に星を見に水晶のところへ行っていたとのこと。つまりナツコさんは、遠隔視というか、体脱してその様子を確認していたみたいですね。ジュンさんがおなかを壊したときに、ナツコさんがお薬を差し上げていたので、それで意識が繋がって、見やすくなっていたのかもしれませんね。

私の場合も、何度か私のセミナーに参加されているユミさんと同じビジョンを見ることが多かったですから。

さて、この日は朝の時間、外に出ると水晶のところにナツコさん、ユミさんの二人が立っていて、何かをしている様子でした。そこで、近くに行ってみると、前日にナンシー・ペン・センターで買った天然石アクセサリーを水晶に乗っけているようです。パワーチャージだそうで。ただ、水晶がでかくて女性だと背が届かないため、途中に乗せていたのを見て、「せっかくならてっぺんがいいんじゃないですか?」なんて言ってしまったので、私が乗せることに。

そうしている間に、「絵ハガキにあるような朝日がピカピカ光っている写真が撮れない」という話をしたところ、ナツコさんが、「じゃあカメラ貸して」と言って、撮ってくれました。

ナツコさんはもともと芸術系の方だそうで、確かに私の写真とまた雰囲気変わりましたよね。

目線が変わると、同じ水晶でも表情が変わるものです。

最終日は、一人の人を皆でヒーリングしたりと、全員の絆がさらに強く結び付いているのを感じられるようになりましたね。

ある意味、体脱し過ぎていたナナさんについては事故といえばそうですが、そのおかげで皆さんの意識が一つにまとまる力になった。

そう思うとこれも必然であり、そして別の時間でも私たちは同じことをやっていたのかもしれない――なんてふと思ったりしました。

実際に、全員で何かの祈りをささげているビジョンが、ふと浮かんだ時もあったのです。

何かを埋め合わせるために集まるのではなくて、何かを得るために、再び出会う。

そんなことを考えると、ちょっと人生楽しくなりますよね。

それに気付けるのもモンロー研なのかな、なんて。

午後の昼休みとなったのですが、この時点で私が本を書いていることがかなり知れ渡っていました。半分以上の方が私に対して「こいつ、プロだ！」的な見方をするようになってきて、シェアの時間も、そういう期待感を感じるようになってきました。

朝にナナさんをヒーリングした話をしたところ、どうやってそれを行うのか、という話になり

ナツコさんが撮影した水晶写真。
149 ページの私が撮影したものと光の量が違うことがわかります。

まして、「相手の方のヒーリングガイドを降ろしてくるんですよ」と正直に言ったところ、「じゃあ、ヒーリングガイド見て」って話になりまして、ちょっと内心「しまった」と思いました。

まだ坂本さんにちゃんと名乗ってないし、自分のセミナーでもないのに不必要に目立つのも本意じゃないですからね。

でも、まあ、これも流れだし、参加されている方にはお世話になっているので、ヒーリングをしてガイドイラストも書いてみたりすることにしました。

カスミさんは、花の精のような感じで、「こんな感じですよ」って書くと「美形で良かった」と言われてましたね。内臓のほう、胃から腸にかけて、なにか弱っている部分を感じましたが。ちょっと簡易版でしたので、ちゃんと治療はできませんでしたけど。

朝にヒーリングしたナナさんは、カラス天狗のような方でしたので、そちらもイラストを書いて。

ユキさんは形のないガイドさんでしたね。まるい円になんらかのエネルギーがあるような、そういうガイドさん。何かの集まり、集合のようなイメージでしたので、イラストにしにくかったですが、なんとかイラスト化。隕石が降っている曼荼羅みたいな絵になりました。

とかやっていると、坂本さんも来られて「へえ、ヒーリング出来るんだ」みたいな感じで見られていましたが、内心「あまり注目を浴びるのもなんとかせねば」と微妙に焦りながら、ドキドキのヒーリングガイド拝見でした。

ジョンさんの、「そろそろセッション時間だよ」という声で救われて、ブリーフィングルームに集合です。

その時に、午前中のセッションのシェアも行われました。アザラシと温泉に入っていたとシェアしたカスミさんは、フォーカス21の時にも甘味処にイルカと一緒に行って、知らないおじさんから白玉かき氷をおごってもらったそうです。隣でイルカが白玉かき氷食ってる光景は結構シュールだったと言っていました。海獣に縁があるのか？　という話もされてましたね。

後日、メールでやりとりしていましたら、その知らないおじさんは、若いころのモンローさんそっくりだったとのこと。実はモンローさんから白玉かき氷をおごってもらっていたということになるんですね。

シェアの時に、そこでなぜか『アザラシ』とはどういうものかという議論が英語でされ始めて、妙に盛り上がってましたけど。

そこで、私がさらっとアザラシの絵を書いてお見せすると、「ああ、なるほど」と皆さん納得されたようです。

このアザラシのイラストは、私のモンロー研ノートに書いてありましたので、私のセミナーのときにノートを見た方は「なんでアザラシの絵が？」と思われたことでしょう。

そして、モンロー研での最後のセッション。それは、フォーカス12を使った願望実現。今まで意識が上に行っていたので、グランディングもかねてフォーカス12を使うということでしょう。

心の中から叶えたい願望を、思いを込める。

現在形で文章を設定し、「私は〇〇です」という〝自分〟を入れること。

そして、一度設定したものは手放す。

手法は気にしない。

「最初は小さなものから願望実現をしてみると、効果を実感できるのでいいですよ」と仰っていましたね。

たとえば、「帰りの飛行機がファーストクラスになれば」とかそんな感じでしょうか。

「本当にそれが自分（トータルセルフ）にとって必要、良いことなのか？」というのも重要なポイントのようです。トータルセルフ的にあまり良くない場合は〝欲望〟になるのかもしれませんね。

そして、それ以上のことが来ても、感謝して受け取ること。

感謝をして、自分も皆もハッピーになるイメージをするとなお良い。

とそんな感じのブリーフィングがありました。

確かに、心の中にある、自分の本当の願望でないと、なかなかに実現しないんだなあ、というのは私もいままでの体験で得ております。

なので、今回は「本当に実現するのか？」というものを投げてみることにしました。

せっかくのモンロー研でのセミナーなので、パワーアップして効果あるかなぁ、なんて。

「ノー借金で、事務所建設！」

さて、さて、その願望は実現するのやら。

そして、モンロー研での最後のセッション。レディスイッチを入れて、ヘッドフォンをして、水晶とノートを用意して……。

これも、これで最後なんだなあ、と思うとちょっと寂しくなりますが。

そして、電気を消して、最後の『願望実現』へ。

私が行ったのは、ノー借金で事務所建設。というものでしたので。

それをイメージして、手放してきました。

果たして、いつになったら手元に帰ってくるのかな？

実は、午前の長いセッションで、未来の姿を見に行ったのですが、一年後には事務所は建っている感じしませんでした。なので、本当に実現するのかな？

十年後は、まったく別のところにも建物ありましたけどね。

まあ、そんなこんなで、願望実現セッションも時間が来て終了となりました。

イメージは良く見えましたけどね。

その時枕元を、スリッパをはいた人がパタパタ走る音が聞こえていて。良く考えてみると、セッション中に足音が聞こえたり、人の気配を感じるのは良くありましたね。

研修棟では、話声、口笛、足音、などを感じる人もいたみたいですし、モンロー邸でも足音などを聞く人は私以外にもいたようです。

まったく怖いとかそういうのものではなくて、「なんか聞こえるなあ」程度ですので。

そういえば、私はセッション中に実際に、肩を叩かれたこともありましたしね。

モンロー研には、何かが棲んでいる？　それとも、知覚が拡大するので、他のところの音を拾うのか？

まあ、実際にモンロー研に行ってお確かめください。

最後のセッション終了後、最後のブリーフィングが始まります。

ついに、すべてのプログラムが終了したのでした。

ダンス・ダンス・ダンス

そして、午後のシェアの時間。

それぞれの願望実現の話や体験の話をシェアし合いました。

あとは、今後のセミナーの流れとか、アクア・ヴィジョン・アカデミーのセミナーについて坂本さんからの説明もありました。

「次は小渕沢の『ライフライン』か」

『ガイドライン』は英語出来ないと受けられませんからね。

それまでに英語を勉強するか。それとも、あきらめて日本人向けツアーに参加するのか。

まあ、勉強する時間考えると、日本人ツアーにまた参加することになりますかね。

後は時間と予算との相談です。


そして、みんなでカメラを持って外に向かいます。

なぜかというと、全員で記念撮影するためです。

水晶の周りに皆で集まっておりますと、ジョンさんが国旗を持ってきました。ここに来た時に振っていた日本とアメリカの国旗ですね。

そして撮影。

それぞれに位置を決めながら。私は水晶にしがみついておりましたけどね。つま先立ちでないとこの格好できませんでしたので。結構必死でしたよ。

坂本さんとジョンさんは楽しそうに旗振ってます。

その時、私が空を見ると、虹色の幻日が、ロバート・マウンテン・リトリーツの上に出ていたのです。まるで、このタイミングを見計らったかのように。

皆さんの卒業を空も祝福しているかのようでしたね。

前に、フォーカス12で私の「OKサインは何?」とガイドに聞いたら、「空を見なさい」と言われていましたが、まさに、ガイドからのOKサインを受け取った――そういう感じでした。

前ふりがあって、ちゃんとオチも付いて。やはり、ガイドの導きにしたがっているとこういうこともあって、人生がたくさんの気付きと豊かさにあふれてくるような気がします。

そんな夕方の空。

最後まで私にサプライズをくれた、そんなロバート・マウンテン・リトリーツとモンローさんに感謝です。


そして、最後の夕食の時間。このときに素敵なサプライズもありました。

ちょうどワークに参加している間に誕生日を迎えた人がいまして。それは私の同室のタカシ君。

二十六歳になったんだったかな? 確か。私と十以上違うんですよね。そう考えると、「自分

**最終日、RMR上空にかかった虹色の幻日。
皆さんの卒業を空も祝福してくれたようです。**

も年をとったなあ」としみじみ思ったりします。で、タカシ君用に、バースデーケーキが用意されていたのです。みんなの温かい拍手と、そして、ケーキに灯されたろうそくを吹き消して。温かい雰囲気の中、最後の夕食が進んでいったのでした。

バースデー・ケーキはおいしかったです。甘いですけど。アメリカのケーキって、大味なのかと思っていましたが。日本のように偽物材料をあまり使わないので、すべて味はしっかりとしていて素材のパワーを感じる、おいしいケーキやお菓子でした。ただ、甘いですけど。

巨大カントリー○ァムみたいなクッキーはお気に入りでしたね。映画『マトリックス』の予言者が焼いてたクッキーみたいな感じ。

そして、キッチンスタッフの方にお礼もわたしました。

毎日おいしい食事を作ってくれたり、タオルやシーツ交換してくれたり、バストイレを掃除してくれたり、一週間の感謝をこめて、って感じです。

そのお礼を入れた封筒にはみんなで落書きしたり、メッセージを書いたり。私はイルカの絵を書いて、背中に「いるか」と書いておきましたが。

そして、食後に「翌日は朝四時には朝食出ますよ」ということで、四時起き決定。

夕食も終わり、夜のブリーフィングまではゆったりと過ごしておりました。

ココア飲んだり、今のうちにと、写真を撮りまくったり。


そして、夜のブリーフィング。卒業証書の授与の前に、これまでについての思いを発表です。

皆さん、それぞれに感謝の気持ちを述べられて、そしてたくさんの得るものを感じたようです。

同室のタカシ君が、「ケイさんと一緒の部屋になって、いろいろと話を聞けたことが良かった」と言ってくれて、なんだかちょっと気恥ずかしい感じもしましたが。

「自分は人に影響を与えているんだなあ」と改めて思いましたね。

人は人との繋がりの中で、互いに影響を与え合って生きている——そう気付くと、今隣に座った人さえも、なにか自分にメッセージを伝える存在なんですよね。

そして、私の番。

最後に「私がまるの日」と言うべきか！……とひそかに思っていましたが、その場の雰囲気ではそんな感じではないので、「ここで体験したことが、自分にとっての新しい気付きになって。人生を豊かに過ごせるきっかけをつかめた」――そんな感じのことを言ったと思います。

最後に坂本さんとジョンさん。

坂本さんは「今回は楽な気持でいられました」と言っていましたね。

私も思ったのですが、今回集まった皆さんは、ある程度自分なりの体験が進んでいる感じの方が多かったようです。人生経験でもそうですけど、安定している方が多かったですね。

なので、なんだか落ち着いた雰囲気でこの期間を過ごすことができましたし、私も気楽（一時的にドキドキありましたけど）でした。

今回私よりも年下の人が五人もいたのですが（同じ年の人は一人）、皆さん落ち着いていて。

「もしかして、自分が一番まい上がっていたんかな？」と思ったりもしましたが。

それに、なんだか今回の皆さんは、〝会うのが当然〟的な雰囲気もあって、妙に最初からの「初対面の人の中に入るんだぁ！」という意気込みはなかった気はしましたね。皆さんいい方ばかりでしたし。

ジョンさんの癒しのエネルギーも素晴らしかったです。

そして、卒業証書授与。

証書もらって、坂本さん、ジョンさんに感謝しながらハグして。

その後はハグタイム。皆さん目が合ったら男女関係なくハグして。しかし、セミナーにいろいろと出ているとと、もうハグには慣れたものです。あれも角度が重要で、今では恥ずかしくない感じに出来るようにはなってきました。

――と過信していたら、足の踏み出し間違ってナツコさんの足踏んでお見合いになってしまいましたが。まだまだ、油断してはいけないようです。

本を書くというメッセージを受け取ったジュンさんと話をしていたら、内容は童話だったとのことだったそうです。今回のツアーで、スピリチュアル童話作家が生まれるのでしょうか？

葉祥明さんみたいになれるかもしれませんよね。

私も最初は童話路線でいろんなコンテストに応募したりして進んでいってましたが、気がつくと自分のスピリチュアルな体験談本にしてしまっているので、流れ次第ではいろいろな方向に向くかもしれませんね。

そして、この後はグランディングも兼ねた『ダンスパーティー』。

いまいちこういうの慣れてないので、ノッているようなノッていないような微妙な感じでした。

でも、リンボーダンスが始まって、ちょっと「見せ場だ」と思ったので挑戦。「えいやっ」と体を反らして挑戦しましたら、骨も筋肉もきしんだりして。いろんなところが痛くなりました。

グランディングを兼ねたダンスパーティー。
ノれている人も私のようにノれていなかった人も……。

運動不足はいけませんね。

ダンス以外では、みんなで地球儀クッションをけって遊んだり、体を動かすことでグランディングをします。

そういえば「グランディングをしっかりして帰ってくださいね」という教訓のお話。

アメリカではこのまま車で帰る人が多いのですが、大雨の中、ワイパーを動かさずにスタンドまで運転して、そこの従業員に「ワイパー動かしたほうがいいですよ」と言われて、初めてワイパーを動かしてないことに気がついた人がいたそうです。知覚が上がって、ワイパーを動かさなくても、前が見えていたわけですね。

その夜は、ロバート・マウンテン・リトリーツが揺れてました。

そして、体に悪い飲み物を飲んで（サイダー、コーラとか）その夜はお開きに。

翌日の朝は早いので、皆さん部屋へ戻って、荷造りです。

私も、部屋のたんすに入れていた服を、ジッパー付きの袋に詰め込んで圧縮します。これで10日分の服を小さなゴロゴロバックに入れてしまいました。便利です。

購入したお土産はモンロー研バックに詰め込んで、必要な小物はバックに入れて、そして、モンロー研最後の夜を迎えます。

翌日は四時には起きないといけませんので、目覚まし時計をセットして、イン・ザ・チェックユニットです。

タカシ君は「隣四軒くらい聞こえますよ」ってくらいの凄い目覚まし時計を持ってきていました。そんなに起きないのか？

私は、翌朝にジョンさんに言って、私の本をここに置いて帰ろうと思っておりました。

そして、その時に坂本さんにも名乗れれば……なんて計画で睡眠に落ちて行ったのです。

私のモンロー研計画をついに実行するときが来たのです‼　さて、その結末は？

第九章　フライト

最後の夜、モンローさんとイメージ対話です。

「ところで、賭けはどうなったんですかね？」

「今更、何を言う。最初に水晶のところに来ただろう？」

とフォーカス10を最初に聞いたときに、水晶に引き寄せられた時のことを言います。

「え、あれ体脱？　あんなのが？」

「自分の期待通りになることが、必ずしも正しいわけでも、それが重要なわけでもない」

「あれが前ふりで、もっとなんかハッとするような体験があるのかと期待してましたけど」

「十分、それは得ているじゃないか？」

まあ、確かに。「世界がギブとギフトで成り立っている」というのは、私の中では気付きとしては最高のものでしたし。穏やかな中にも、じんわりとした変化があって、それを感じることができて……。

しかし欲を言えば、もっと「これが体脱か！」と思えるものがしたかったものです。

確かに、体の感覚はなくなるパターン多かったですけどね。

その時に感じていたのが〝第二の体〟と言われればそうなんでしょうけど。

実際、自分の体をつついてみたりもしましたが、基本私は疑り深いので、まだまだ、「そうは言ってもねぇ」と自分の体脱体験にはまだ懐疑的でした。

「賭けで買ったら、人生を前に進めてくれるようなことを言っていたけど。それが実現したら信じてみよう」

と思いながら、その日は眠りに落ちて行ったのでした。


朝、目覚ましの音がちゃんとなり、スピーカーから流れる坂本さんの声で目が覚めました。

「なんだ、ちゃんと起こしてくれるんじゃん」

そう思いながら起きて、身支度して、食堂へと向かいます。

そこにはジョンさんが作ったというスクランブルエッグもならんでいました。

五時にはバスが出るからと、急いで食事して、準備して……いると、女子部屋の人から「荷物が重くて、階段登れないから助けて」とレスキュー要請が。

タカシ君は肉体派っぽいので、私は「あ、大丈夫ですよ。二人で行きます」と気楽に請け負いました。

スーツケースって、階段登るのは一苦労ですよね。背が低いと持ちあがらないですから。でも、男子の手にかかればそれほどの問題もなく。

また、ロバート・マウンテン・リトリーツの階段には絨毯が敷いてあるので、それで女性は荷物持って登りにくいのもあります。

今後、モンロー研ツアーの参加を検討されている女性の方は、いざというときのために「こいつ、重いもの持てそうなキャラだ」と〝ポーター君〟の目星をつけておいたほうがいいですよ。

そして、上で皆さん待ち合わせ。

私は、「今のうち！」と写真撮りまくりました。


するとバスが来たので、荷物を積んで。

「はい、先に行く人乗って」と言われたので、流れで乗って、そのまま移動。

しばらくして、「あ、本渡すの忘れとったやん‼」と気付きましたが、後の祭りです。

私のミッションその①「モンロー研に本を置いてくる」は見事に失敗に終わりました。

最後にジョンさんとあいさつでも、なんて思っていたら、そういうことをする前に乗り込んでしまいましたからねぇ。

なんか、バタバタ去ってしまった感じです。


そして、ナンシー・ペン・センターに到着後は、次のグループを待つために、今回私たちは全く入ることのできなかった『デイビット・フランシス・ホール』に入ることができました。

そこにはまた微妙なイルカとかモンローさんの写真。

そして、モンローさんの過去生で作ったお城の写真。

【最終日：駆け込み記念撮影】

食堂から外に出られるこの扉。間違って、Ｃ１から他のフォーカスレベルに行きそうですけど。

これが噂の滝。水漏れすると言うので、ただのオブジェと化しております。
滝の片隅には、「キツネの巣（もちろん本物ではないですよ）」がありますので、来た方は探してみてくださいね。

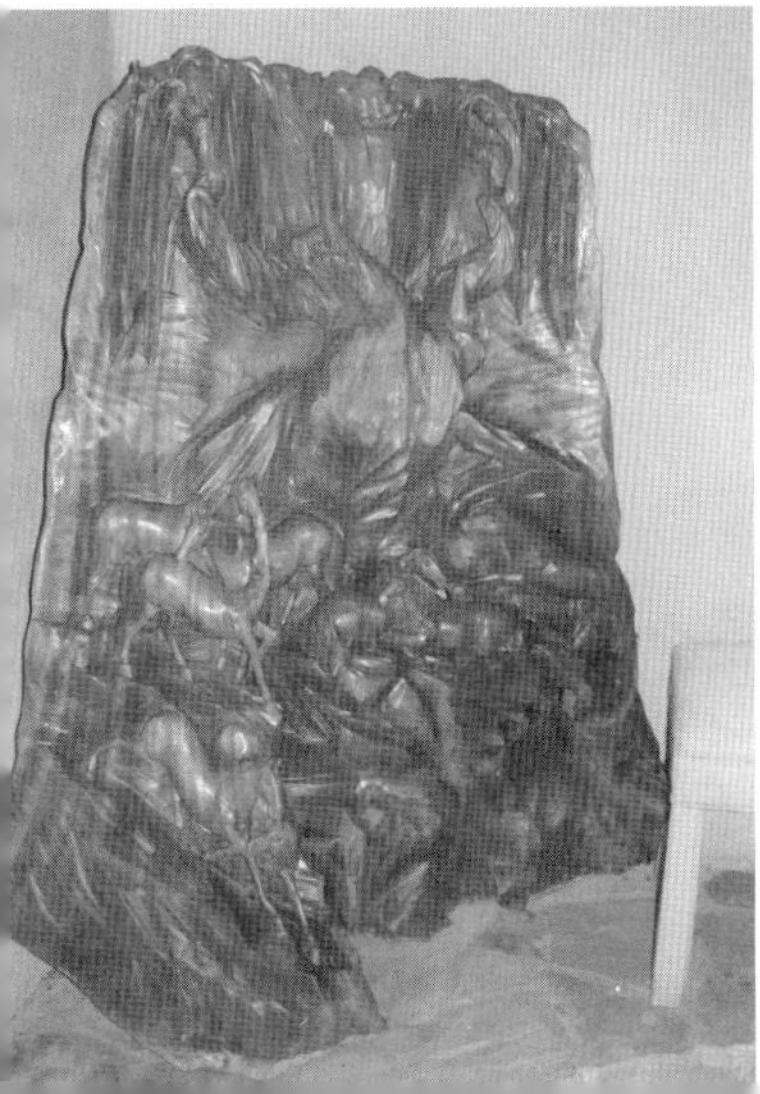

なぜかヤナギと馬の彫り物も。

この塔の記憶が、ナンシー・ペンの塔になっているというあの有名な写真です。

「こ、これがそうなのか‼」とつい撮影。カラーで見ることができて、これだけでも来て良かったです。

そして、なぜかそこにはクリスタルがゴロゴロしていたので、石屋さんもしているというカスミさんに詳しい話を聞いたりしながら、勝手に触ったり見たりさすったりしていました。

カスミさん、私の携帯についてるアメジストのルースを、一目で産地当てましたからね。

何かのワークでこの水晶たちを使っていたみたいでしたが。


そして、後発隊と合流。

お迎えの大きなバスがきて、それに乗り込みます。来るときに乗った六輪のバスですね。

そして、暗い中を出発します。

私は、スタ☆レビを聞きながら、半分眠りながら移動していると、次第に朝日が登ってきます。

まぶしい日差しを浴びて、アメリカの朝が始まります。

山のない平原から登る太陽。澄み切った空。バスのガラスが曇っていなければ、写真の一枚も撮影したのですが。

アメリカで過ごす最後の朝かぁ。なんて思いながら。

ラスカルの雰囲気が漂う世界も、だんだんと車の多い都会の風景になって、ダレス空港に到着

今回、最終日にようやく足を踏み入れたデイビット・フランシス・ホールにて、モンローさんの記憶で作ったというお城の写真。

です。

空港では、でかい人たちが車から降りてハグして見送っている風景が各所で繰り広げられていて、「アメリカだなあ」と感心しました。

空港では窓口が空くまで時間あったので、しばしぶらぶら。

他の方は食事しにいってたみたいですが、私とタカシ君はそのあたりをさまよって、店とかをのぞいてました。

案外、店が少ないので「こんなもん？」と思ってましたら、奥にあるんですね。なるほど。

途中でユキさんと合流して、さらにぶらぶら。

空港では、現地で合流した、ヨシヒロさんとお別れすることに。彼はせっかくなので、ワシントンを観光して帰るとか。そういう方法もありますねぇ。

その後、ぶらぶらしていたら空港でまた会ったので、ちょっとまた行動を共にして、お別れしました。

そして、受付が始まったので荷物を預けて、空港の奥へと入っていきます。

すると、そこはお土産屋さんとか店だらけ。なるほど、セキュリティを通ってからでないとお店に来られないわけね。

表から見るとちょっと古い感じですけど、中は最新の空港、そんな感じしました。

で、空港には韓国人がやっているおいしいお寿司屋さん（？）があるというので、そちらに行かれる方と、あとはぶらぶら組と、そういう感じで分かれてぶらぶら。

私はタイさんから「スミソニアン博物館の出店があるらしい」と聞いていたので、そちらへ向かいます。とはいえ、まったく英語がわからないので、英語のできるユミさんと行動を共にすることに。店の場所とかも聞いてもらって。

スミソニアン博物館の出店に行きますと、そこにはすでに何人かの方が集まってきてました。

鉱物とかが置いてあると、つい引き寄せられる人種がモンロー研には来るのでしょうかね？

そこでイルカの置物をヤリタさんは買占め。

パンダのぬいぐるみを二個カスミさんは買っていたり。

私の場合は、妻と子供のお土産をここで済ませようと、本と小物を物色。

すると、結晶の写真がとてもいい、鉱物の本を見つけまして、それを妻用に。

子供には何を買うべきか。

恐竜に興味ないような気がしたので、青とオレンジのまるい玉がにょろにょろ移動する砂時計みたいなものを購入。

いろいろな鉱物や面白そうなおもちゃがたくさんあって、私が「つい買ってしまいそう」になるものばかりでしたね。買いませんでしたけど。

ただ、ここでドルを使いはたそうと思ったので、良い感じで消費できました。


その後はぶらりぶらりとお買いもの。チョコレートが日本よりも安いなあ、なんて思いながら。円高だから安く感じるのですけどね。

あと寿司屋が開いたので、そちらに移動していた方もいましたね。

モンロー研ではビールとかお酒が飲めませんでしたので、ここで皆さんアルコール補充していたみたいです。

そして、私はその後パンダを買っていたカスミさんと合流、女性二人とスタバに入ります。しかも、おごってもらって。というか、私とカスミさんがユミさんにたかったような感じになってしまいまして。申し訳ないです。

ユミさんには、お買いものではお世話になって、そのうえコーヒーまでおごってもらって、非物質でも起こしてもらったりと、今回、最後までお世話になってしまいました。

そこでいろいろとまた面白い話も聞けました。モンロー研話もいろいろとして、スピリチュアルな話もいろいろとして……。カスミさんは行きの飛行機ではユミさんと隣だったそうなので、ここのスタバでお茶飲んでいる三人も、何かご縁があるのでしょうねぇ。

そして、飛行機の時間も迫って来たので待ち合わせ場所に。

話を聞くと、別行動だったすし屋でも面白い話が繰り広げられていたそうです。ビールを飲んで気持ちよくなっている方もいて、いろいろなところで盛り上がっていたみたいですね。

私はダレス空港で飛行機の席を取る前に、ワンブレス法でフォーカス12に行って、「みんなの席が、ファーストクラスになる」と勝手にイメージして手放してみましたら、私は窓際の席になってしまって。

「ああ、隣にガタイのいい外国人がこないように……」と願っていましたら、飛行機に乗ってみると最後尾の二人しか座れない席でした。

「ラッキー！」

一番後ろならば、気兼ねなく席を倒せます。

あとは、隣の席に誰がくるのか、ですが………。

このまま、誰も隣に来ないといいけどなぁ。それとも、隣に知らない人来たら、他の空いている席にあとで移動しようかなあ……とか思っていると、

「あら、お隣ですか」とカスミさん。

「まあ、ある意味ファーストクラスか」と自分なりに納得。

前の席のタカシ君は、三人席を独り占め。道中横になってぐっすり寝てましたね。ファーストクラスのくつろぎを、エコノミーで実現しておりました。

これもファーストクラスになったたってことか？


さて、「妙齢の女性と道中二人席」というだけでも、男子としては「ちょっともうけた」感じしますが、それよりも会話の内容で私は「あ、この席に座るのは仕組まれていたことであったか」と思わせられること多数。

カスミさんは独特の雰囲気を持ってらして、タダ者ではない感が最初からありましたが、女性実業家で、スピリチュアルな人で、石好きで、コラムとか執筆もされていて、知り合いにも有名な方もいて。

「やはり、タダ者ではなかった」

ということでした。

しかも、私と同じくらいの年齢。「はあぁぁ、生き方違うと同じ年を重ねてきても、こうも違うもんなんだねぇ」的な感想と、逆に「じゃあ、自分もできるかな」的な楽観的な感じの両者が合わさって複雑な心境に。

そして、ある意味、私の目指している方向に近いお話も聞けて。

「こんな良い席を用意してくれて、ガイドさんありがとう！」

という感じでしたね。私にとってはファーストクラス以上の席でした。

最後の最後に、私に必要なメッセージを「これでもか！」と流しこまれた気がしました。


そして、カスミさんは飛行機が苦手のようで、「薬飲んで一気に寝ます」と食後一気にガクッと落ちてました。

寝たなあ、と思ったらガクッとそのまま私の肩に寄り掛かってきまして。

妙齢の女性に寄りかかられたら、男子はどうするのか？

①そのまま寝かせておく
②とりあえず起こしてみる
③こっちも寝たふり
④あらぬ妄想にふける

というパターンが考えられますが。私の場合はちょっと違いまして。

その瞬間、目の前にビジョンが浮かび、私は思い出したのです。

はるか昔、同じ状況があったことを。

その時は私が女性。カスミさんが男性の時代。

私の（女性の時ですよ）肩に寄り掛かって、疲れたのか、そのまま眠りに落ちる男性。

そして、その様子をやさしげな眼で見守る自分。

それはアトランティスの時代。

ハッとして意識をこちらに戻しましたが、なるほど、世の中に偶然はなく、どこの出会いも必然であり、それを改めて、「これでもか」と教えてくれた——そんな旅となりました。

その後も酔い止めもらったり、途中で飛行機の後ろのほうで、冷え切った背中押してもらったりと、お世話になりっぱなしでしたが。

「なんか、いろんな人にお世話になりっぱなしだなあ」


後ろで体操していると、横腹にアタックを食らいまして。そちらを見ると、私のリーボールの形を初めて当てたナツコさんが「隙がありますす」って、にこにこしていました。

そして、「アラスカの上空はすごい低く飛んでましたよ」と。

しまった、ぐっすり寝てた。

そういえば、私の横の窓のブラインドは、席を倒しているととても閉めにくいはずなのですが、目が覚めるといつの間にか閉められてました。

「これ、どうやって閉まったんですか？」

自動で閉まるのか？　と思いながらカスミさんに聞くと、キャビンアテンダントの方が体をひねってひょいっと閉めたそうで。

かなりのテクニックを持っているようです。さすがですね。


そういえば、飛行機に乗っていて、私が感じた体脱体験。

すっごい勢いで飛行機が落ちているかと思ったら、自分がぐーっとどこまでも凄い勢いで落ちているんですね。管の中に吸い込まれていくように、そして、落ちてしまうまえになんとか浮かんで——ちょっとうたたねをしたときに、そんな体験もできました。

リアル体脱って、こんな感じなんだなあ……と初めて体験させられた感じでしたね。本気で、飛行機が落ちていると思いましたから。

「モンロー研後に、体脱する場合も良くありますよ」

とは他の方からも聞いておりましたが、私は飛行機の中でそれを体験してしまいました。

「日本に戻る寸前に、揺れる場所がある」と事前情報を聞いていたので、酔い止めまで飲んで待機していましたが、思ったよりも揺れず、十二時間のフライトを終え、飛行機は成田へ。

予定時間よりも四十五分早く着いたらしく、「これだったら、羽田から熊本帰れたじゃん！」という時間でしたが、この日は成田で一泊する予定。

空港で、荷物を受け取り、全員集合してから、坂本さんが「じゃあ、これから自由行動ですので」と言って歩いて行きました。

そのまま、他の方と行動を共にしていたら、いつの間にか坂本さんいなくなっていて。

「しまった、結局、坂本さんに名乗ること出来てないやん‼」

すべてにおいて、言うタイミングを逃し続けた、という結果でした。まあ、いいんですけどね。今回は私のことを話すのはそれほど重要な目的でもなかったので、〝本場のモンロー研を体験〟出来ればそれでいいかな、と自己擁護。

ということで、二つのミッションは完遂することなく、トホホな感じで日本に帰って来たわけです。きっと、今回はそういう流れではなかったんでしょう。


その後、空港でお別れした方もいれば、時間のあるメンバーはスタバに入って二、三時間くらい、名残を惜しんでいたり。

私は、ここでモンロー研に置き忘れてきた本をタカシ君に差し上げました。

「持って帰ってきた、ということはこうしろということかな」と思いましたので。

話すと終わりもなくて、でも、お別れするときは自然に「あ、また会えるよね」的な、なんだか自然に会って、また会うことが当然のようなそんな気持ちになれた、不思議な出会いでした。

人数が少なかったのも良かったです。

今回、不思議となぜか別れるのに寂しいとか悲しいとかなくて、「また会うのが当たり前」というメンバーでしたね。

無意識ではしっかりと繋がっているのでしょうね。きっと。

そして、私は一人ホテルのバスを待って、移動しました。


今回、一緒に参加出来た皆様に感謝します。

今回の出会いで、自分にもたくさんの学びを得ました。

そして、人数が少ない中でも、ツアーを実行してくださった、坂本さんをはじめとするアクア・ヴィジョン・アカデミーのスタッフの方々に感謝ですね。

さらに、快く送り出してくれた、私の家族にも感謝です。

「自分で体験して。自分で考えて。自分で受け入れて」

だから、

「モンロー研には行くべき！」

です。

おわりに

モンロー研から帰ってきて

モンロー研の旅は終わりましたが、この本にはまだまだ続きがあります。
ここで帰国後の様子を中心に、後日談を一部ご紹介します。

まず、坂本さんに「自分がまるの日圭である」と告白する件ですが、後日、アクア・ヴィジョン・アカデミーにメールを送るときに、「実は私が、まるの日で」と書き添えたところ、坂本さんもアクア・ヴィジョン・アカデミーの方も私の本名を知らなかったので、今回のツアーにまるの日圭が混じっていたことには気付かれていなかったようでした。

結局、メールで告白するという「いまどきの若者は」的なやっちまった感がありますねぇ。
まあ、アクア・ヴィジョン主催のツアーに次回参加したとき、改めてご挨拶させていただこうと思っています。

もう一つ、今度はスピリチュアルな後日談を。

帰国翌日、私は成田を出て、羽田から飛行機に乗って阿蘇に帰るところでしたが、私の乗る飛行機の機種が変更になり、乗るまで自分の席がわかりませんでした。

飛行機に乗るまで空港で待機していたのですが、その間、モンロー研体験をまとめたりしていたときに役に立ったのは『ポメラ』ですね。

モンロー研では、写真撮ったり、自分の体験を受け入れてたりするのに忙しくて、実はあまり役に立ちませんでしたが、その後のブログ書きには重宝しました。

結局、体験を記録するのには、ノートに走り書きするのが一番早いんですよね。私の場合は、イラストも入りますし。

今回はのツアーでは、大学ノート一冊をちょうど使いきる感じでした。

そして飛行機。時間が来たので乗り込み手続きをしてみると、席番号は〝F1〟に変更。

ここで、「やられた！」と思ったわけです。

つまり、ダレス空港で「ファーストクラスに席変われ！」と願望実現したら、こっちの席で叶っていたという。

てっきり、帰りの飛行機での二人並び席がファーストクラス（扱い）だと思っていたのに。

最後の最後まで、モンロー研から帰るときはいろいろと起こります。

ちなみに、前日に成田空港に着いて、見上げた電光時計の時間が〝14：44〟でしたしね。

もっとも、Fの1といっても飛行機がエアバスだったので、一番前ってこと以外はファーストクラスでもなんでもないのですが、〝F1〟という字面が「やられました」って感じですね。

「願望は、自分の思った通りにかなうとは限らない」

という実演もしてもらった感じです。

家に帰ってからもぼんやりする間もなく、物事は押しかけるように展開します。帰ってから二日後くらいに、カスミさんが共同経営者の方と阿蘇方面に来ることになりました。そこで時間を合わせてもらい、家にある石を見てもらったり、いろんな知識を教えてもらったりしたのです。本当に勉強になりましたね。

カスミさん曰く「石好きが高じて石屋をしている」と言うくらいでしたので、その点、石好きの妻とも似ているんでしょう。

そのときに「モンロー研でオーラを見たんですけど、なんか緑色しか見えなくて」と話したら、「あ、ヒーラーの人は緑色ですよ」って言われました。

「手のまわりに見える緑色は目の錯覚」と思っていた私は、自分の見えていたものを自分で否定していたんですね。

「自分の体験を否定しない」という基本を守っていなかったことに気付かされました。

そういえば、モンロー研に行くと、色つきでオーラが見えやすくなるようです。私もものすごくハッキリと見え過ぎていたので、「これは目の錯覚か」と思ってしまったところありましたしね。

ついに〝オーラのわかる男〟になりかけてます。

とはいえ、日本に帰ってきてからは良く見えませんけどね。結局、モンロー研という場の空気がそうさせるのでしょうか。

そして、近くの喫茶店に行ってみんなでお茶を飲んでいると、そこを取材に来ていた福岡放送のテレビからインタビューされました。放送されたかどうかは謎ですが、妙にテレビ慣れした素人が並んでいたので（妻も私もテレビ経験はありますし、カスミさんとお連れの方もテレビ経験多数）、面白い感じでしたよ。

まあ、そんな感じで、モンロー研が終わっても、まだまだ続くご縁の続き。その後も、ネット上でやり取りできるように『ゲートウェイボエッジ19期生』のシェア空間も出来ました。

モンロー研で得られるのは、いろんな体験であり、そして、それは多くのものや人との繋がりを再確認させられる。そんな感じでした。

「体脱出来たら賭けに勝って、流れが動き出す」というメッセージをモンローさんからもらっていましたが、実際にそれが動いているのを感じている今日この頃。

そして、まだまだモンロー研効果は続いております。

名古屋でのセミナー後、世界最大のプラネタリウムに入ったら、席が〝F1〟でしたし。

さてさて、このまま私の人生の流れはどうなるんでしょうかね？

モンロー研に行って何が変わったのか？

自分ではよくわかりませんが、何年か経ったときに「あ、あの時のあれはこう言うことか！」と思えるのかもしれませんね。

そういう人生のブックマーク的な、そんな体験であったかな、と思うところです。

さて、これまでは〝モンロー研前〟でしたが、今後は〝モンロー研後〟の日常体験になります。といっても、ダイエット写真のように〝使用前〟〝使用後〟みたいには見た目にハッキリ出ませんからね。

また、ぶらぶらと日常を、そしてヘミシンクと共に楽しく生きる人生を、ブログには書き続けていますので、ぜひ読んでいただけましたら、と思います。

次は、『ライフライン』に参加したいですね。

モンロー研に行った意味

モンロー研へ行く——最初、まだヘミシンクを始めたばかりの時は「やはり、本場に行かないと体験は出来ないのかな」と思っていました。

しかし、その後自分で体験を積み重ねていくうちに、〝体験〟というのは特に本場に行かなくてもできるのであって、聞きこむうちに、市販のCDセットだけでも、本人のやり方次第では大きな可能性のある技術なのだな、と実感することになりました。

そして、次第に私の中で、モンロー研に行く理由が変化していったのです。

「体験をするため」ではなくて、「モンロー研究所は何を目的として、こういうプログラムを行っているのか?」というところに。

体験を導きだすだけであれば、わざわざモンロー研まで行く必要はないのでして。

しかし、何度も人を引き付けるその魅力は何なんだろうか? と。

自分でワークを行うようになって、さらにそのモンロー研の魅力というものを感じたくて、いろいろな選択肢の中から、アクア・ヴィジョン・アカデミーが主催する日本人向けのセミナーに参加させていただくこととなりました。

そして、そこで体験したことは今回の本に書いてある通りです。

ヘミシンク中の体験で何かを得られた、とかよりも、ヘミシンクを使って日常生活にどのようにそれを生かしていくのか。

そして、自分の体験というものを受け入れていくことの大切さ。

そういうものを実感させていただいた感じです。

ヘミシンクは非物質的な体験をついつい求めてしまいがちですが、それらは、すべての中のほんの一部であって、今の世界である自分自身を理解していくための、小さなきっかけでしかないのかな、と思うようになりました。

世界は広く、自分自身も広く広大であり、そして素晴らしい世界を持っている。

それに気がつくと、自分の中にあるすべてを受け入れられるようになって。

そして、日常生活がより豊かになっていくのかな、と思います。


ヘミシンクで使うフォーカスレベルの意識状態を日常で活用することで、日常の世界が、フォーカス10で見た時、12で見た時、15で見た時、21で見た時、それぞれで変化していき、今まで気付かなかったことに新しく気付けるようになって、それはいつもの退屈な日常ではない、多くの新しい側面を見ることが出来るようになったりします。

すると、私が得られたような、〝ピュア・ラブ〟のような、微かでいて、それでいて常にそばに存在しているような、そういうものに気付きを得ることが出来るようになります。

自分の生きている世界は、常に愛で満ちていて。そこにあるのはすべて与え合う存在だけ。

これに気付けただけでも、私はモンロー研に行けて良かったと思います。

まあ、あとは〝モンロー・マニア〟として「ほお、ここがあの本に書いてあった場所か！」とかテンション高く観光していたところもありますけどね。

モンロー研で得られるのは人それぞれ。

テンション高く、楽しんで行かれると、それなりの体験が待ち構えていると思います。

受け入れる体制を自分自身で作り上げて、感謝の気持ちを持つことも、いろいろな体験を導きだせるところなのかな、と思うところです。

今、日本ではヘミシンクが広がりだして十年以上経っております。

そこで、いろいろと日本でヘミシンクが独自に進んでいる方向も多数あります。

その中で、「モンロー研が考えるヘミシンクとは？」と言うものに触れてみるのも、またこれ以上の何かを求める方には必要かな、と思うところです。

なので、

モンロー研には行くべき、

そう思えるようになりました。

そこで何を体験しても、それは必ずその人の重要な体験になるのだと信じて。

今回はアクア・ヴィジョン・アカデミーの日本人向けセミナーに参加できて、良かったと思います。こういう企画を長く続けて下さっている坂本政道さんに感謝します。

そして、ご縁があって今回も本を出していただきますハート出版の皆様にも感謝です。

さらに、今回ご一緒にモンロー研で楽しいひと時を共有できた19期生の皆様と、いつも私が家を空けても気持ち良く送り出してくれる妻と子供にも感謝です。

最期に　私の人生を良い意味で変えてくれた〝ヘミシンク〟を開発し、そして多くの良き出会いを導いてくれたロバート・A・モンロー氏に、最高の愛と感謝を。

まるの日 圭

1974年熊本生まれ。公務員の父親の仕事柄、幼少時より福岡から屋久島など九州各地を転々とする。

大学卒業後、菓子メーカーに勤務。その後、豆腐職人、サラリーマン菓子職人と転職。サラリーマン菓子職人時代から、４年以上独学でヘミシンクを行ない、その体験をブログに公開。意識の開放と共に、2011年３月、ついに13年間のサラリーマン生活からも解放される。

主な著作『誰でもヘミシンク』『誰でもヘミシンク２　面白すぎるガイド拝見』『誰でもヘミシンク３　あの世の会いたい人に会える本』（すべてハート出版）。

2009年モンロープロダクツ正規ディーラー契約取得。2011年４月モンロー研究所『ゲートウェイ・ヴォエッジ』に参加。

現在、ヘミシンクCD販売、各種セミナー、執筆などを行なう。

趣味はバイク、ヘミシンク、薪ストーブ、MINI等。

各種セミナー情報、日々の体験などを毎日更新中
「まるの日<ヘミシンクのある暮らし>」http://pub.ne.jp/marunohi/

まるの日圭による、お勧めヘミシンクCD、著書販売中
「ヒーリングサロン　ネコオル」http://marunohikafe.cart.fc2.com/

ヘミシンクのふるさと
モンロー研ドキドキ《わくわく》体験記

平成23年８月16日　第１刷発行

著者　まるの日 圭
発行者　日高 裕明

発行　ハート出版

〒171-0014
東京都豊島区池袋３－９－23
TEL03-3590-6077　FAX03-3590-6078
ハート出版ホームページ　http://www.810.co.jp

乱丁、落丁はお取り替えします。その他お気づきの点がございましたら、お知らせ下さい。

ISBN978-4-89295-692-8　　編集担当　西山　印刷　大日本印刷

まるの日圭の本

誰でもヘミシンク２
面白すぎるガイド拝見

地道に家庭でヘミシンクをしていた著者。その努力のかいがあって、非物質の存在達との交流ができるように。そして勉強をかねて自分以外のガイド拝見を重ねていたら、いつの間にか１００人を越えていた。今回は、選りすぐりの面白ガイド達の紹介。

本体価格：１８００円

誰でもヘミシンク３
あの世の会いたい人に会える本

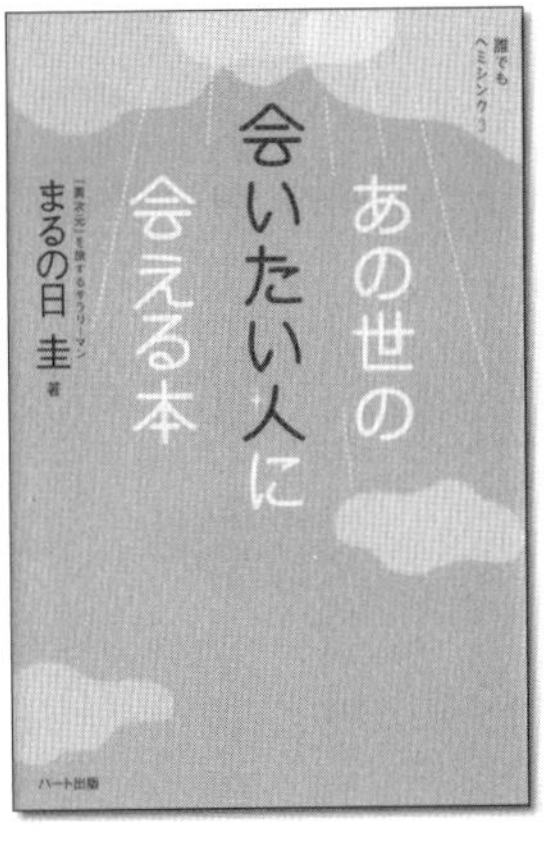

ちょっと隣町まで…という感覚であの世の人達と出会うことが可能だ。その方法や、あの世の存在に、普通に問い掛けて親しくなるためのコツなどを伝授します。意外と面白いあの世の人達との交流の記録。

本体価格：１８００円

坂本政道監訳シリーズ

死後探索1　未知への旅立ち

本体１５００円

死後探索2　魂の救出

本体１９５０円

死後探索3　純粋な無条件の愛

本体１８００円

死後探索4　人類大進化への旅

本体１９００円

死後探索マニュアル

本体２８００円

ブルース・モーエン：著
坂本政道：監訳
塩﨑麻彩子：訳

シリーズ1から始まった死後探索がついに完結。
モーエンが、いかなる変化を遂げていったのか。
我々は、モーエンの体験と変化を通して、
来るべき「人類進化の姿」を知ることになるのだ。

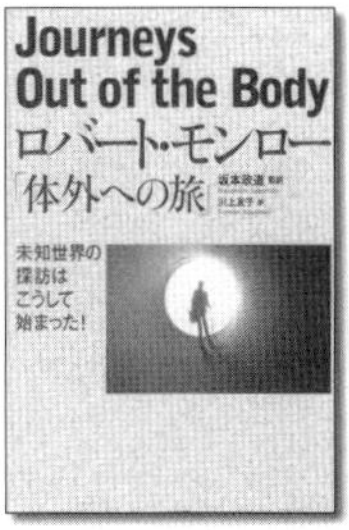

ロバート・モンロー　体外への旅

ヘミシンク創設者が体外離脱について著した古典的名著の初の全訳。

R・モンロー／著　本体２１００円

全脳革命

ヘミシンクを人生や実生活に役立てている人たちによる詳細レポート。

R・ラッセル／著　本体２１００円

坂本政道の本

本体１５００円（「ピラミッド体験」「東日本大震災とアセンション」除く）

アセンションの鍵
２０１２年とアセンションの大きな誤解。バシャールとの交信が真実を明らかにする。

ピラミッド体験
バシャールが教えたピラミッド実験で古代の叡智が暴かれる‼
本体１８００円

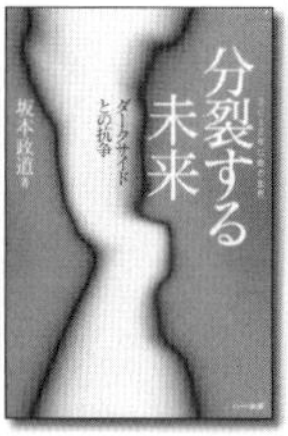

分裂する未来
バシャールとの「交信」で明らかになった「事実」。ポジティブとネガティブ、未来を選ぶのはあなた。

２０１２年目覚めよ地球人
２０１２年は一大チャンスだ。人類は「輪廻」から卒業する。

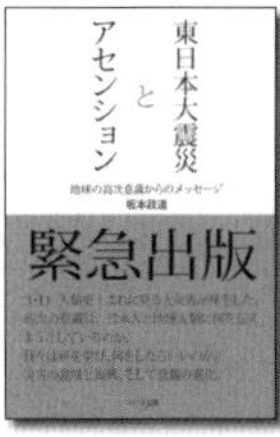

東日本大震災とアセンション
地球意識から届いた今回の震災への意味とメッセージとは…。
本体１３００円

死後体験
日本人ハイテクエンジニアによる世界観が一変する驚異の体験報告。
シリーズ第１弾

死後体験Ⅱ
死後世界を超えた先は宇宙につながっていた！本当に生きながら死後の世界が垣間見えるのか？
シリーズ第２弾

死後体験Ⅲ
意識の進化とは？近未来の人類とは？さらなる探求で見えた驚愕の世界。
シリーズ第３弾

２０１２人類大転換
我々はどこから来たのか？死後世界から宇宙までの数々の謎が解き明かされる。
シリーズ第４弾